ENTERRO CELESTIAL

XINRAN

Enterro celestial

Tradução do inglês
Tuca Magalhães

2ª reimpressão

Copyright © 2004 by Xinran Xue

Título original
Sky Burial
Esta edição baseou-se na tradução inglesa Sky Burial, de Julia Lovell e Esther Tyldesley, publicada pela editora Chatto & Windus.

Capa
Rita M. da Costa Aguiar

Edição de texto
Márcia Copola

Revisão
Maysa Monção
Carmen S. da Costa

Dados Internacionais de Catalogação na Publicação (CIP)
(Câmara Brasileira do Livro, SP, Brasil)

Xinran, 1958-
 Enterro celestial / Xinran ; tradução do inglês Tuca Magalhães
— 1ª ed. — São Paulo : Companhia das Letras, 2004.

Título original: em inglês: Sky Burial
ISBN 978-85-359-0578-6

1. Memórias 2. Mulheres — China — Condições sociais 3. Mulheres — China — Biografia 4. Tibet (China) — Descrição e viagens I. Título.

04-7303 CDD-920.720951

Índice para catálogo sistemático:
1. China : Mulheres : Memórias   920.720951

[2021]
Todos os direitos desta edição reservados à
EDITORA SCHWARCZ S.A.
Rua Bandeira Paulista, 702, cj. 32
04532-002 – São Paulo – SP
Telefone: (11) 3707-3500
www.companhiadasletras.com.br
www.blogdacompanhia.com.br
facebook.com/companhiadasletras
instagram.com/companhiadasletras
twitter.com/cialetras

*Para Toby, que sabe partilhar
amor e experiência, espaço e silêncio*

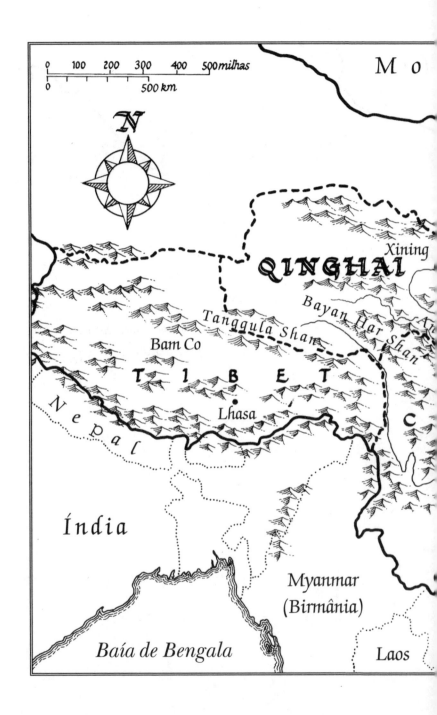

Eu tinha cinco anos quando ouvi, numa rua de Pequim, um fragmento de conversa que se alojou em minha mente e daí não sairia: "Os tibetanos cortaram o corpo dele em mil pedaços e os jogaram para os abutres".
Quê? Só por matar um abutre? Um dos nossos soldados pagou com a própria vida pela morte de um abutre?
Era o ano de 1963. Na China quase não se falava sobre o Tibet, e poucas pessoas sabiam algo acerca da região. Claro que tínhamos lido nos jornais a respeito da sua "libertação" gloriosa, mas outras informações eram escassas. Como faria qualquer menina de cinco anos, remoí repetidamente aquele fragmento de conversa, tentando entendê-lo; depois, ele acabou se desvanecendo em minha memória.
Em 1994, eu trabalhava como jornalista em Nanquim. Durante a semana apresentava um programa noturno de rádio que discutia vários aspectos da vida da mulher chinesa. Um dos ouvintes telefonou de Suzhou para me dizer que conhecera uma mulher estranha na rua. Ambos compravam sopa de arroz de um vendedor ambulante e começaram a conversar. Ela acabara de chegar do Tibet. O ouvinte supôs

que eu poderia achar interessante entrevistá-la e me deu o nome do pequeno hotel onde estava hospedada. Ela se chamava Shu Wen.*

Com a curiosidade despertada, fiz a viagem de quatro horas de ônibus de Nanquim até a movimentada cidade de Suzhou, que, a despeito das reformas, mantém sua beleza — os canais, as bonitas casas com quintal, "portões em forma de lua" e beirais ornamentados, os jardins aquáticos e a antiga tradição de fabrico de seda. Lá, na casa de chá ao lado do hotel, encontrei uma mulher idosa vestida com roupas tibetanas e cheirando fortemente a couro velho, leite rançoso e esterco animal. Os cabelos grisalhos estavam presos em duas tranças malfeitas, e a pele era enrugada e curtida pelo tempo. Mas, embora parecesse tão tibetana, seu rosto tinha as características do rosto de uma chinesa — nariz pequeno, levemente arrebitado, boca de "damasco". Quando ela começou a falar, seu sotaque logo confirmou que era, de fato, chinesa. O que, então, explicava a aparência tibetana?

Durante dois dias ouvi sua história. Quando voltei para Nanquim, minha cabeça girava. Percebi ter encontrado a chave que me ajudaria a desvendar a conversa que ouvira tantos anos antes, ainda criança, em Pequim, e pela qual ficara obcecada. Percebi também que acabara de conhecer uma das mulheres mais excepcionais que jamais conheceria.

---

* Nos nomes chineses, o sobrenome vem em primeiro lugar. Assim, o nome de Shu Wen é Wen. (N. E.)

1. Shu Wen

Não sei dizer o quanto lamento todas as coisas tolas e ingênuas que perguntei a Shu Wen naquela casa de chá em Suzhou. Havia tanto mais que então eu não conhecia.

Seus olhos inescrutáveis olhavam além de mim, para o mundo do outro lado da janela — a rua apinhada de gente, o tráfego barulhento, as fileiras organizadas de modernos blocos de edifícios. O que ela podia ver ali que prendesse tanto o interesse? Tentei recuperar sua atenção.

"Quanto tempo você ficou no Tibet?"

"Mais de trinta anos", disse ela calmamente.

"Trinta anos!"

Meu espanto deve ter sido visível, porque os outros clientes na casa de chá pararam de conversar e se viraram para olhar para mim.

"Mas por que você foi para lá?", perguntei. "Para quê?"

"Por amor", respondeu ela simplesmente, olhando outra vez muito além de mim, para o céu vazio lá fora.

"Por amor?"

"Meu marido era médico no Exército Popular de Libertação. Sua unidade foi enviada ao Tibet. Dois meses depois, recebi uma notificação dizendo que ele tinha desaparecido. Fazia menos de cem dias que estávamos casados."
"Sinto muito", disse eu, tremendo diante da idéia de uma jovem perder o marido tão cedo.
"Eu me recusei a aceitar que ele estivesse morto", continuou ela. "Ninguém no quartel-general foi capaz de me dizer como ele tinha morrido. A única coisa que pude pensar foi em ir pessoalmente ao Tibet para encontrá-lo."
Olhei incrédula para ela. Não conseguia imaginar como uma jovem daquela época podia ter pensado em viajar para um lugar tão distante e tão aterrorizador quanto o Tibet. Já estivera na fronteira leste da região, numa breve missão jornalística, em 1984, e me sentira oprimida pela altitude, pela imponente paisagem vazia e pelas duras condições de vida. Como teria sido, para uma jovem chinesa, ir ao Tibet mais de trinta anos antes?
"Eu era uma mulher apaixonada", disse ela. "Não pensei no que poderia ter que enfrentar. Só queria encontrar meu marido."
Envergonhada, baixei a cabeça. Que sabia eu sobre o amor que pudesse provocar uma reação tão extremada? Ouvira muitas histórias de amor dos participantes do meu programa de rádio, mas jamais uma como aquela. Meus ouvintes estavam acostumados a uma sociedade onde tradicionalmente se reprimiam as emoções e se ocultavam os pensamentos. Eu não imaginava que os jovens da geração da minha mãe pudessem se amar com tanta paixão. As pessoas não falavam muito sobre aquele tempo, menos ainda sobre o conflito sangrento entre tibetanos e chineses. Fiquei ansiosa para conhecer a história daquela mulher, que vinha de uma época em que a China se recuperava da devastadora guerra civil entre nacionalistas e comunistas, ocorrida na década anterior, e Mao reconstruía a pátria.

"Como conheceu seu marido?", perguntei, com a esperança de que, voltando ao começo das coisas, pudesse incentivar aquela mulher misteriosa a confiar em mim.

"Na sua Nanquim", respondeu ela, os olhos levemente enternecidos. "Foi lá que eu nasci. Kejun e eu nos conhecemos na faculdade de medicina."

Naquela manhã, Shu Wen me contou sobre sua juventude. Falava como uma mulher que não estava acostumada a conversar, fazia pausas freqüentes e contemplava a distância. Mas, mesmo depois de todo aquele tempo, suas palavras ardiam de amor pelo marido.

"Eu tinha dezessete anos quando os comunistas assumiram o controle do país inteiro, em 1949", disse. "Lembro de ter sido carregada pela onda de otimismo que inundava a China. Meu pai era funcionário de uma empresa ocidental. Ele não fora à escola; aprendera por si próprio. Estava convicto de que minha irmã e eu devíamos receber instrução. Tivemos muita sorte. A maior parte da população naquele tempo era composta de camponeses analfabetos. Fui para uma escola de missionárias e, mais tarde, para o Colégio Jingling para Meninas. O colégio havia sido fundado por uma americana em 1915 e, na sua época, tinha somente cinco alunas. Quando estudei lá, tinha mais de cem. Depois de dois anos, estava preparada para estudar medicina na universidade. Escolhi me especializar em dermatologia.

"Kejun e eu nos conhecemos quando ele tinha vinte e cinco anos, e eu, vinte e dois. Quando o vi pela primeira vez, ele ajudava o professor como assistente de laboratório, numa aula de dissecação. Eu nunca tinha visto seccionarem um corpo humano, e me escondi atrás dos colegas como um bicho assustado, nervosa demais até para olhar para o cadáver branco mergulhado no formol. Kejun ficou me observando e sorrindo. Pareceu entender o que eu sentia e se solidarizar comigo. Mais tarde, naquele mesmo dia, veio me procurar. Emprestou-me um livro com diagramas anatômicos coloridos. Disse que eu venceria o medo se primeiro os estudasse. Estava certo. Depois de ler o livro várias vezes, achei a aula seguinte de dissecação muito mais fácil. A partir de então, Kejun respondia pacientemente a todas as minhas questões. E logo se tornou mais que um irmão mais velho ou um professor para mim. Eu me apaixonei por ele."

Os olhos de Shu Wen estavam tão parados... fixos em algo que eu não podia enxergar.

"Todo mundo admirava Kejun", continuou ela. "Ele havia perdido todos os parentes na Guerra Sino-Japonesa, e o governo pagara para ele a faculdade de medicina. Como estava determinado a saldar essa dívida, trabalhava duro e era um aluno excepcional. Mas também era bondoso e gentil com todos à sua volta, especialmente comigo. Eu estava tão feliz... Então, um professor de Kejun voltou de uma visita aos campos de batalha da Guerra da Coréia e lhe contou como os bravos soldados, feridos e aleijados naquelas batalhas terríveis, tinham que se arranjar sem médicos nem remédios, como nove em cada dez deles morriam. O professor disse que teria ficado lá para ajudar, se não achasse que era sua responsabilidade transmitir seus conhecimentos médicos a uma nova geração, para que mais hospitais pudessem ter equipes cirúrgicas treinadas. Na guerra, a medicina era o único salva-vidas: fossem quais fossem os erros e os acertos do combate, salvar os agonizantes e cuidar dos feridos era heróico.

"Kejun ficou profundamente impressionado com o que seu mentor lhe contou. Conversava comigo sobre o assunto. O exército precisava desesperadamente de cirurgiões para tratar de seus feridos. Ele sentiu que devia se alistar. Embora temesse por ele, eu não queria detê-lo. Todos nós sofríamos as agruras daqueles tempos, mas sabíamos que era para o bem maior do país. Tudo estava mudando na China. Muitas pessoas arrumavam as malas e se dirigiam às pouco produtivas áreas rurais para fazer a reforma agrária; ou iam para os confins áridos e despovoados para transformar os desertos em campos férteis. Outras iam para o nordeste e o noroeste procurar petróleo, ou para as montanhas e florestas derrubar árvores e construir ferrovias. Nós considerávamos a separação dos entes queridos uma oportunidade de demonstrar nossa lealdade à pátria."

Shu Wen não me disse onde foi o primeiro posto militar de Kejun. Talvez não soubesse. Disse apenas que ele ficou fora por dois anos.

Perguntei se ela e Kejun se escreviam. Eu recebia muitas cartas de pessoas solitárias que ouviam meu programa. Cartas são uma maneira maravilhosa de vencer a solidão.

Shu Wen me dirigiu um dos seus olhares duros, que me deixou envergonhada da minha ignorância.

"Que tipo de serviço postal você imagina que havia?", perguntou. "A guerra criou uma enorme convulsão social. Em toda a China as mulheres ansiavam por notícias dos maridos, irmãos e filhos. Eu não era a única. Tinha que sofrer em silêncio.

"Por dois anos não soube nada de Kejun. Separar-se não era romântico, como eu tinha imaginado... era uma agonia. O tempo se arrastava. Achei que ia enlouquecer. Mas, então, Kejun regressou, condecorado com medalhas. Sua unidade o mandara de volta a Nanquim para fazer pós-graduação em tibetano e em medicina tibetana.

"Nos dois anos que se seguiram, nosso amor ficou mais forte. Conversávamos sobre tudo, encorajávamos e aconselhávamos um ao outro. A vida na China parecia melhorar a cada dia. Todos tinham trabalho. Não trabalhavam para patrões capitalistas, mas para o governo e para a pátria. Havia escolas e hospitais gratuitos.

Disseram-nos que a economia da China alcançaria as da Inglaterra e da América em apenas vinte anos, com os programas do presidente Mao. Nós tínhamos também liberdade para escolher com quem casaríamos, em vez de obedecer às escolhas dos nossos pais.

Contei a Kejun que nossa amiga Mei, para surpresa de todos, tinha casado com Li, um jovem simples do campo, e que Minhua, que parecia tão dócil, tinha fugido para casar com Dalu, o líder do conselho estudantil. Os pais dela foram se queixar na universidade. Mas não lhe contei que eu tinha tido outros admiradores enquanto ele estava fora, nem que as pessoas me aconselharam a não depositar minhas esperanças num homem que se arriscava a morrer no campo de batalha.

"Quando Kejun terminou os estudos, decidimos nos casar. Ele aguardava em Nanquim instruções do quartel-general. Eu trabalhava como dermatologista num grande hospital da cidade. Aos olhos dos nossos amigos, muitos dos quais tinham filhos, já havíamos adiado demais nossa união. Kejun estava com vinte e nove anos, eu, com vinte e seis. Então solicitamos a autorização do Partido. Embora meu pai achasse difícil se acostumar com a idéia da liberdade de escolha, gostava muito de Kejun e sabia que eu tinha tomado uma boa decisão. De qualquer modo, se eu adiasse mais o casamento, ele perderia o prestígio. Minha irmã mais velha já tinha casado e se mudado para Suzhou, levando meus pais com ela.

"Nosso casamento foi celebrado no autêntico 'estilo revolucionário'. Um alto quadro político do Partido foi a testemunha, nossos amigos e colegas, usando florzinhas de papel vermelhas, formaram o cortejo. Para a festa, conseguimos três pacotes de cigarros Hengda e alguns doces de frutas. Em seguida nos mudamos para o dormitório para casados do hospital. Tudo o que possuíamos eram dois estrados de madeira de cama de solteiro, dois acolchoados também de solteiro, uma arca de jacarandá, um recorte de papel vermelho com os ideogramas da "dupla felicidade" e nossa certidão de casamento, enfeitada com um retrato do presidente Mao. Mas estávamos arrebatadoramente felizes. Então, apenas três semanas depois, chegou a convocação de Kejun. Sua unidade seria estacionada no Tibet.

"Mal tivemos tempo para digerir a notícia antes que ele partisse. O exército providenciou minha transferência para um hospital em Suzhou, a fim de que eu ficasse perto dos meus pais e da minha irmã. Não tínhamos solicitado transferência, mas a organização do Partido disse que era mais do que justo que os dependentes dos que serviam no exército pudessem contar com a assistência da família. Eu mergulhei no trabalho para não pensar na falta que sentia de Kejun. À noite, quando todos dormiam, pegava a fotografia dele e olhava para seu rosto sorridente. Pensava o tempo todo no que me dissera pouco antes de partir: que voltaria logo porque queria muito ser um bom filho para meus pais e um bom pai para nossos filhos. Eu ansiava pela sua volta. Mas fui chamada ao quartel-general de Suzhou para me contarem que ele havia morrido."

Quando ouvi Wen dizer estas últimas palavras, meu coração quase parou.

Ficamos sentadas em silêncio durante algum tempo. Eu não queria interromper seus pensamentos.

Naquela noite, Shu Wen e eu dividimos um quarto no hotelzinho ao lado da casa de chá. Nos dois dias que passamos juntas, ela se abriu comigo de uma maneira que eu quase não ousara imaginar. Quando voltei para meu escritório em Nanquim, comecei ansiosamente a organizar minhas anotações. E, enquanto o fazia, percebi que ainda havia tanto que eu não sabia sobre aquela mulher extraordinária... Meu constrangimento pela minha ignorância tornara muito difícil fazer perguntas. Eu nem mesmo encontrava palavras para descrever as roupas que ela usava. Telefonei para o hotel em Suzhou onde havíamos nos hospedado, mas Wen já tinha partido. Em pânico, entrei em contato com o homem que me ligara para falar sobre ela.

"Não sei para onde foi", disse ele. "Outro dia me enviou um pacote de chá verde, por intermédio do vendedor de arroz fermentado, para me agradecer por tê-la apresentado a Xinran. Disse que esperava que você contasse sua história às pessoas. Desde então não encontrei mais com ela."

Eu estava determinada a fazer o que Shu Wen pedira e contar sua história, mas me deparei com dificuldades. Aquele período da história chinesa era um mistério. Antes que eu pudesse entender o que Shu Wen me contara, precisava saber muito mais a respeito do Tibet. Passei a ler o máximo possível e entrevistar gente que vivera no leste do país ou conhecia algo sobre a região. Mas foi só em 1995, quando viajei novamente para o Tibet a fim de fazer um documentário, que senti ter começado a compreender como seria viver ali. Eu e meus quatro cameramen ficamos sem fala diante da solidão da paisagem, do vento invisível que varria a terra árida, do céu alto e infinito e do silêncio absoluto. Minha mente e minha alma sentiam-se limpas e vazias. Perdi a noção de onde estava ou a necessidade de falar. As palavras simples que Shu Wen usara — *frio, cor, estação, perda* — adquiriram uma nova ressonância.

Enquanto escrevi a história de Shu Wen, tentei reviver sua jornada, da China dos anos 50 para o Tibet — tentei ver o que ela viu, sentir o que ela sentiu, pensar o que ela pensou. Às vezes fiquei tão absorta que nem sequer enxergava as ruas, as lojas e os trens do metrô de Londres — ou meu marido, em pé a meu lado, com uma xícara de chá verde. Lamentei profundamente ter permitido que Wen partisse sem me dizer como poderia encontrá-la outra vez.

Seu desaparecimento continua a me obcecar. Desejo de todo o coração que este livro possa trazê-la de volta para mim e que ela venha a saber que, no mundo inteiro, as pessoas estão lendo sobre sua vida e sobre seu amor.

2. Não posso deixá-lo sozinho no Tibet

Aviso de Morte
Este é para confirmar que o Camarada Wang Kejun morreu num incidente no leste do Tibet no dia 24 de março de 1958, aos 29 anos.
Emitido pelo Departamento Militar de Suzhou,
Província de Jiangsu, 2 de junho de 1958

Wen ficou atordoada nos degraus do quartel-general, com a chuva de verão da monção do delta do Yang-tsé encharcando seus cabelos e seu rosto.

Kejun, morto? Seu marido de menos de cem dias, morto? A doçura dos primeiros dias depois do casamento permanecia no seu coração. Ela ainda podia sentir seu calor. Daqueles cem dias, eles passaram somente três semanas juntos. Ele não podia estar morto.

Partira para o Tibet tão forte, tão falante, tão cheio de vida... Um médico do exército não se envolveria diretamente na luta. Que "incidente" fora aquele? Como ele havia morrido? Por que ninguém lhe dava nenhuma informação? Eles nem sequer acrescentaram algumas palavras declarando que ele morrera como um mártir revolucionário, como sempre faziam com os soldados que caíam na batalha. Por quê?

Nos exaltados "Relatórios da Vitória do Exército Popular de Libertação ao Entrar no Tibet" não havia menção a nenhum incidente em que Kejun pudesse ter morrido. A equipe do Departamento Militar encarregada de confortar as viúvas e os órfãos dos soldados mortos disse reservadamente a Wen que não recebera boletim-padrão algum dos campos de batalha do Tibet.

Wen permaneceu na rua de Suzhou, ignorando a chuva. A vida movimentada da cidade continuou ao seu redor, mas ela não reparava em nada. Passou uma hora, depois outra. Ela estava encharcada de dor e atordoamento.

Os sinos do carrilhão do Templo da Montanha Fria despertaram-na do seu pesar. De volta ao hospital onde trabalhava, realmente sozinha pela primeira vez, um pensamento atravessou-lhe a mente num relâmpago. E se Kejun apenas tivesse sido separado da sua unidade, como todos aqueles soldados que eram dados erroneamente como mortos quando na verdade estavam voltando para casa? Talvez ele estivesse em perigo, ou tivesse ficado doente. Ela não podia deixá-lo sozinho no Tibet.

Concebida naquela chuva gelada, a idéia de que ela deveria ir encontrar Kejun acabou se revelando tão forte que, apesar de todas as tentativas da família, amigos e colegas para fazê-la desistir, Wen continuou determinada a se juntar ao regimento do marido e viajar para o Tibet. Percorreu todos os departamentos do governo que pôde encontrar e, aos prantos, mostrava a quem quer que fosse sua certidão de casamento, o bilhete de despedida de Kejun e até mesmo os poucos pertences pessoais dele — sua toalha, o lenço e a caneca de chá. "Meu marido deve estar vivo", insistia Wen. "Ele não abandonaria sua nova mulher e futura mãe dos seus filhos."

No início os oficiais com quem ela falou tentaram dissuadi-la de entrar no exército, mas, quando souberam que era médica, calaram-se. O exército precisava desesperadamente de médicos, e muitos dos soldados no Tibet estavam sofrendo com a altitude. Sua condição de dermatologista tornou-a ainda mais útil: havia diversos casos graves de queimadura solar. Ficou decidido que Wen partiria para o Tibet imediatamente. A necessidade urgente de médicos e sua própria ansiedade para começar o mais rápido possível a procurar Kejun fizeram do longo treinamento realizado por seu marido um luxo dispensável.

Chegou o dia de Wen deixar Suzhou. Sua irmã mais velha e seus pais idosos a levaram até a estação rodoviária perto do rio. Ninguém disse nada. Ninguém sabia o que dizer. A irmã colocou na mão de Wen uma bolsa a tiracolo, feita de seda de Suzhou, sem dizer o que havia lá dentro; o pai, silenciosamente, pôs um livro na sua nova mochila do exército; a mãe enfiou um lenço encharcado de lágrimas na presilha do fecho da sua túnica. Chorando, Wen entregou a certidão de casamento à mãe. Somente a uma mãe se poderia confiar uma coisa tão importante. Deu a caneca de chá e a toalha de Kejun ao pai, sabendo o quanto ele gostava do genro. Depois deu à irmã — que conhecia todos os segredos de Wen — um pacote com a correspondência e os documentos de Kejun, juntamente com as cartas de amor de ambos.

Nuvens escuras e sombrias se misturaram à fumaça das cozinhas das casas de paredes brancas e telhas cinza da vizinhança, e pouco a pouco envolveram a família de Wen, que a observava subir no ônibus. Através da janela do veículo, o qual balançava violentamente, Wen viu a família ir diminuindo e, por fim, desaparecer de vista. Olhou para Suzhou pela última vez: as casas com suas pequenas pontes sobre a água corrente dos canais; nas encostas dos montes, os templos voltados para a água; a vegetação luxuriante do delta do Yang-tsé. Em todo lugar havia bandeiras vermelhas agitando-se na brisa.

Quando Wen abriu a bolsa de seda que a irmã lhe dera, encontrou cinco ovos cozidos, ainda quentes, dois pedaços de bolo de gergelim, um pacote de sementes de abóbora, um pacote de lascas de nabo seco agridoce, uma garrafa térmica com chá e um bilhete cujo texto estava borrado de lágrimas:

Querida irmãzinha,
Palavras não podem expressar o quanto meu coração está pesaroso.
Nossos pais já não são jovens, e não podem suportar muito mais sofrimento na vida deles; assim, volte logo. Mesmo que você não tenha mais Kejun, ainda tem a nós, e não podemos viver sem você.
Seja prudente, tome cuidado!
Estou esperando por você.

Sua irmã.

O livro que o pai enfiara na sua mochila era *Ensaios reunidos de Liang Shiqiu*. Esses ensaios, capazes de transformar os acontecimentos do dia-a-dia em jóias de sabedoria, eram as leituras favoritas dele. Havia uma dedicatória na primeira página:

Pequena Wen,
Exatamente como são lidos os livros, uma palavra de cada vez, são percorridas as estradas, um passo de cada vez.
Quando tiver terminado de ler este livro, você e Kejun vão pegar a estrada para casa.

Sua mãe e seu pai esperam sua volta.

Wen dobrou na forma de um grou o bilhete da irmã e, juntamente com uma pequena fotografia de Kejun, colocou-o dentro do livro, como um marcador; depois enrolou tudo no lenço da mãe. Disseram-lhe que pertences pessoais eram proibidos em expedições militares, e, assim, essas poucas coisas preciosas eram tudo o que tinha para manter vivas suas lembranças.

Aos solavancos, o ônibus se dirigiu para o norte, ao longo do Grande Canal que ligava Hangzhou a Pequim, e a excitação dos passageiros com a perspectiva da viagem, um evento raro na vida deles, logo foi substituída pela fadiga. Olhando para as águas serenas do canal, Wen de repente lembrou-se de algo que o pai lhe dissera uma vez: que o canal de dois mil e quatrocentos anos ligava o rio Yang-tsé, o rio Amarelo e muitos outros rios da China, e que os principais rios da China, todos eles, fluíam do oeste para o leste e nasciam no Tibet. Essa foi, então, a primeira conexão entre ela e Kejun, aquele canal frio e profundo, cujas águas provinham da terra de geleiras e picos cobertos de neve que engolira seu marido. Ela lembrou a felicidade intensa dos primeiros dias do casamento. Toda manhã, cedo, havia despertado o marido delicadamente dos seus sonhos, com uma xícara de chá verde ao lado do travesseiro. Toda noite as carícias dele a acalentaram. Separar-se, nem que fosse por um momento, era doloroso para ambos. No hospital, Wen sempre levava no bolso do guarda-pó uma mensagem que Kejun escrevera para ela naquele dia:

"Hoje está chovendo. Por favor, leve um guarda-chuva e meu amor. Assim, não precisarei me preocupar: não importa onde você esteja, chuva nenhuma vai molhar seu corpo..."

"Ontem você tossiu duas vezes, por isso hoje deve tomar dois copos d'água, e à noite farei uma infusão para limpar seus pulmões. Sua saúde é o coração do nosso lar..."

"Wen, não se preocupe, existirá o lar sobre o qual falamos ontem, eu serei um bom marido para você e um bom filho para seus pais..."

"Ei, menina, veja se come mais, você está emagrecendo! Não agüento vê-la sumindo!"

Escorreram lágrimas pelo rosto de Wen. A mulher de meia-idade no assento ao lado pegou o lenço enfiado na frente da sua túnica e o colocou na mão de Wen.

Parando e partindo durante seis dias e cinco noites, o ônibus seguiu na direção norte—oeste através de um fluxo constante de veículos, animais e pessoas, até finalmente chegar a Zhengzhou — uma cidade perto do rio Amarelo e o maior entroncamento ferroviário da China. Tinham instruído Wen a se apresentar na base militar de Zhengzhou e depois continuar seu caminho de trem até Chengdu, para enfim entrar no Tibet pela grande estrada Sichuan—Tibet. Ela ouvira dizer que a unidade de Kejun também entrara no planalto tibetano por aquela rota intrincada.

Quando o ônibus chegou à estação, um soldado da base militar local esperava por Wen. Ela foi recebida com carinho e levada para seus alojamentos. As acomodações pareciam perfeitas: embora as camas do dormitório fossem apenas pranchas de madeira equilibradas sobre bancos e em cada uma delas pudessem dormir seis pessoas, os acolchoados e travesseiros pareciam limpíssimos. Comparado com a rua imunda lá fora, com seu turbilhão de poeira e montes de lixo, aquilo era o paraíso. O soldado que fora buscar Wen disse-lhe que eles quase nunca viam mulheres soldados — as mulheres que hospedavam na base eram, em sua maioria, familiares que tinham vindo procurar por seus homens. Seu comentário lembrou a Wen que agora ela era um membro do Exército Popular de Libertação, e não mais uma civil comum.

Wen tomou um banho frio refrescante atrás de uma cortina de palha trançada. Depois vestiu a farda que a esperava. Enquanto arrumava os cabelos usando um pedaço minúsculo de espelho quebrado enfiado na cortina, ponderou como o exército parecia organizado. Se eles tinham sido capazes de derrotar o líder dos nacionalistas, Chang Kai-chek, por que não podiam lhe fornecer informações sobre Kejun?

O espelho era pequeno demais para que ela pudesse ver como ficara com a farda. Wen se perguntou se Kejun a reconheceria. Então, a exaustão acumulada dos seis dias aos solavancos na longa estrada a venceu, e, embora fossem apenas cinco horas da tarde, ela se jogou na cama e caiu num sono pesado.

O único toque de alvorada que Wen ouviria em toda a vida a despertou de um sono tão profundo que nem sequer tivera espaço para sonhos. A seu lado, cinco mulheres se espalhavam pela cama, ainda dormindo. Não usavam farda. Talvez fossem funcionárias da administração, ou estivessem à procura de parentes, pensou Wen. Quando ela sentou, outro corpo rolou para o espaço que acabara de desocupar. Mais ninguém fora perturbado pelo toque do clarim, apesar de ter sido tão demorado. Elas deviam estar mais exaustas que Wen. Nem mesmo uma bomba as acordaria, pensou ela.

Sentindo que tinha recobrado consideravelmente as forças, Wen desceu da cama comum e notou que sua farda estava toda amarrotada. Se Kejun pudesse vê-la, teria lhe dado uma palmadinha no nariz — o castigo que recebia quando não conseguia responder a uma das perguntas dele. Wen sempre adorou aquele seu "castigo". Um toque da mão de Kejun bastava para inundar-lhe o corpo inteiro de calor. Muitas vezes ela errava propositadamente as respostas.

"Dormiu bem?" Da porta, um homem a saudou com um sorriso, interrompendo seus pensamentos. Wen percebeu imediatamente, por sua postura e pela maneira firme e direta como se dirigira a ela, que se tratava de um oficial.

"Eu... dormi muito bem. Obrigada", respondeu, nervosa.

O homem se apresentou como Wang Liang e a convidou para tomar café-da-manhã.

"Posso ouvir seu estômago roncar", observou. "O soldado que a trouxe disse que você não saiu do quarto depois do banho. Mais tarde, uma das nossas camaradas relatou que você dormia profundamente; assim, não a acordamos para o jantar. Em tempos de guerra, uma boa noite de sono é muito preciosa para ser interrompida."

Wen logo simpatizou com Wang Liang.

Tomou seu primeiro café-da-manhã no estilo do norte: uma tigela de *hulatang* — sopa gelatinosa feita com farinha de trigo misturada com legumes em conserva picados grosseiramente, vísceras de porco e muita pimenta em pó; havia também um bolo de farinha de milho, muito amargo, e uma massa de picles bastante salgada, feita com folhas de mostarda, que eles chamavam de *geda*. Para uma moça do sul, acostumada com alimentos mais refinados, seria de esperar que aqueles condimentos ásperos e apimentados fossem como remédio amargo, mas parecia que o estômago de Wen já tinha sido disciplinado pela farda e pela fome, e em poucos minutos ela comeu a porção que lhe serviram, e sabia que podia dar fim a outras duas. Mas, quando Wang Liang perguntou se queria mais, ela recusou. Depois de ter lido sobre o rigoroso racionamento imposto ao exército, sabia que uma porção extra para ela seria tirada da boca de outros.

Depois do café-da-manhã, Wen foi com Wang Liang até o escritório dele. Nas paredes, fotografias de Mao Tsé-tung e de Chu-té de farda davam um ar de profunda solenidade à sala improvisada. A mobília — uma mesa e três cadeiras — indicava que o dono do escritório tinha autoridade para fazer reuniões. Também nas paredes da sala viam-se, pintadas num tom brilhante de vermelho, as "Três Grandes Regras de Disciplina" e as "Oito Recomendações" do Exército Popular de Libertação. Wen já estava familiarizada com aqueles slogans do exército, entre eles: "Obedecer a todas as ordens", "Não tirar nada do povo, nem sequer fio e agulha", "Não danificar a colheita" e "Não maltratar prisioneiros".

Sentado à mesa, com os retratos dos grandes líderes às suas costas, Wang Liang parecia sério e imponente. Com extraordinária firmeza tentou persuadir Wen a reconsiderar a idéia de ir procurar Kejun. Insistiu que pusesse de lado seus sentimentos pelo marido e levasse em conta as dificuldades e os perigos que enfrentaria se viajasse para o Tibet: não falava a língua, poderia se perder da sua unidade, as pessoas estavam adoecendo em conseqüência da altitude, e a situação na região era absolutamente imprevisível. O número de baixas era alto, e, sendo uma mulher sem treinamento, suas chances de sobreviver, nem que fosse por um mês, eram mínimas.

Wen olhou nos olhos de Wang Liang. "Quando casei com Kejun", disse, "entreguei minha vida a ele."

Wang Liang mordeu o lábio inferior. Entendeu que Wen não desistiria.

"Você é muito teimosa", disse. "Amanhã há um trem de transporte do exército para Chengdu. Você pode embarcar nele."

Deu-lhe um folheto do exército com informações sobre o Tibet e sobre os costumes tibetanos.

Ela aceitou, grata.

"Obrigada, senhor. Vou estudá-lo durante a viagem e tentarei me adaptar às condições do lugar."

"A guerra não dá a ninguém tempo para estudar ou oportunidade para se adaptar", observou Wang Liang sombriamente, enquanto se levantava e caminhava em sua direção. "Ela define linhas claras de amor e de ódio entre as pessoas. Nunca entendi como os médicos conseguem escolher entre o dever profissional e as ordens militares. Aconteça o que acontecer, lembre-se sempre de uma coisa: simplesmente continuar vivendo é uma vitória."

Wen percebeu que Wang Liang tentava amedrontá-la. Assentiu com a cabeça para mostrar respeito, mas não entendeu o que ele queria dizer. Deu a Wang Liang a bolsa de seda da irmã: dentro da bolsa escrevera os nomes de Kejun, dos pais, da irmã e o dela própria. Disse a Wang Liang que tinha esperança de que todos eles um dia se encontrassem em Suzhou. Em retribuição, Wang Liang presenteou Wen com uma caneta e um diário. "Escrever pode ser uma fonte de força", disse.

Wen passou menos de uma hora na companhia de Wang Liang, mas as palavras dele permaneceriam por toda a vida em sua lembrança.

Trem de transporte do exército na verdade era um eufemismo para trem de carga: cada vagão levava quase cem pessoas insuportavelmente amontoadas. As janelas minúsculas, de apenas vinte centímetros quadrados, deixavam entrar pouquíssima luz. Wen, juntamente com a única outra passageira mulher, uma enfermeira, foi obrigada a se misturar com os homens. Antes que embarcassem, alguém lhe apresentou a enfermeira: era de Wenzhou e estava ansiosa para conversar, mas ninguém no vagão, nem mesmo Wen, entendia o que ela falava, tão forte era seu sotaque de Zhejiang. A cada quatro horas, aproximadamente, o trem parava em algum lugar deserto por cinco minutos, para dar às pessoas a oportunidade de esvaziar a bexiga e esticar um pouco os braços e as pernas. Às vezes, à noite, parava perto de um posto militar de suprimentos, e todos recebiam uma refeição completa; se não, durante o dia os soldados enganavam o estômago faminto com biscoitos e ressecados pãezinhos doces cozidos no vapor.

No começo, alguns dos soldados ficaram animados com a paisagem que passava zunindo pela janela minúscula, mas logo a falta de oxigênio e o calor sufocante no vagão fechado consumiram suas energias. A única diversão deles consistia em tentar fazer a enfermeira de Wenzhou produzir seus sons sem sentido. Poucas horas depois, até ela parou de falar. Wen não estava com vontade de conversar. A busca de Kejun dominava seus pensamentos. Ela nem sequer conseguiu se apresentar aos companheiros soldados, temerosa de que uma simples pergunta pudesse perturbá-la emocionalmente. Em vez disso, concentrou-se na leitura do folheto que Wang Liang havia lhe dado. Ali se falava sobre tribos nômades e sobre a importância da religião na cultura tibetana. Era difícil absorver tanta informação, e os olhos cansados de Wen se fechavam repetidamente.

Durante dois dias e duas noites o trem sacudiu os passageiros silenciosos ao longo da sua jornada.

Era de manhã bem cedo quando ele parou na estação da grande cidade de Chengdu. Wen ficou aliviada por chegar, pois lá pegaria a estrada recém-construída que ligava a China ao Tibet, para a última etapa da sua viagem. Estava ansiosa para ver a estrada. Lembrava-se das notícias da sua inauguração, em 1954, proclamando aquele notável feito da engenharia. Unindo Chengdu a Lhasa, uma distância de quase dois mil e quinhentos quilômetros, era a maior estrada da China e a primeira do Tibet. Os quatro anos que demorou para ser construída pareciam pouco quando se considerava o número de montanhas que teve que cruzar, catorze ao todo, e também os rios, pelo menos dez. As terríveis nevascas e os ventos glaciais que os trabalhadores precisaram enfrentar se tornaram legendários.

* * *

Embora faltasse pouco para o outono, o calor úmido e sufocante do verão ainda envolvia Chengdu. Quando Wen desceu do trem, enxugou o rosto na manga da farda ensopada de suor. Sentia vergonha só de imaginar como seu rosto estava sujo. Chegara a ferir as faces, de tanto esfregá-las para limpar o suor durante a viagem. Uma quantidade enorme de soldados apinhava-se na plataforma, mas a estação estava estranhamente silenciosa. As condições de sardinha em lata e a falta de oxigênio exauriram a todos. Wen procurou, na fileira ordenada de cartazes do exército ao longo da plataforma, o número da unidade de que precisava.

Enfim viu um cartaz com o número 560809, erguido por um soldado surpreendentemente jovem. Tirou de um bolso interno seus documentos militares, bastante úmidos, e os passou para ele. O soldado deu um breve sorriso e fez um gesto com a mão. Duas semanas de viagem com o exército tinham ensinado a Shu Wen a linguagem corporal de soldados como aquele. Enquanto cambaleava atrás do jovem com cara de criança, ela pensou como nunca se perguntara, quando era estudante, de que forma os cinqüenta e seis grupos étnicos e os milhares de sotaques regionais da China conseguiam se comunicar quando se encontravam. Agora entendia a importância do gesto e da linguagem comum da emoção humana.

Wen imaginara que, chegando à cidade de Chengdu, logo poderia começar a fazer perguntas sobre Kejun, mas, quando se incorporou à sua antiga unidade, descobriu que apenas o número 560809 continuava o mesmo: todos os membros tinham sido substituídos, dos oficiais aos soldados de infantaria, e ninguém sabia exatamente onde aquela unidade lutara no Tibet, muito menos o grupo específico de Kejun. Depois de analisar as disposições anteriores das tropas em formação de combate, um oficial administrativo lhe disse que o grupo de Kejun podia ter estado em algum lugar perto das montanhas Bayan Har, na região despovoada do nordeste de Qinghai. Porém, as informações sobre o grupo eram escassas, porque havia poucos sobreviventes e estes já tinham sido estacionados em outros locais. Wen anotou "Montanhas Bayan Har" na parte interna da capa dos *Ensaios reunidos de Liang Shiqiu*. Talvez no caminho para aquele lugar conseguisse informações mais detalhadas sobre Kejun — embora a idéia de que havia poucos sobreviventes enregelasse seu coração. "Meu Kejun está vivo", repetia várias vezes consigo mesma.

Durante dois dias, descansaram, reorganizaram-se e receberam instruções a respeito da ida para o Tibet. Wen e outros dois médicos aprenderam a lidar com alguns dos problemas que encontrariam, inclusive com a doença provocada pela altitude. Cada um recebeu um tanque portátil de oxigênio e muitos cilindros extras. "Só Deus sabe como vou carregar tudo isso", pensou Wen, "se eu mesma começar a sofrer do mal das montanhas." A maioria deles já havia sentido alguns sintomas desse mal — uma leve dor de cabeça, um pouco de falta de ar —, os quais por certo iriam piorar quanto mais penetrassem no Tibet. A altitude média do "telhado do mundo" é de cerca de quatro mil metros.

Finalmente, Wen e seus camaradas em armas subiram com dificuldade nos caminhões do exército e seguiram pela famosa estrada Sichuan—Tibet. Carregavam nas costas seus poucos pertences, enrolados num acolchoado amarrado com corda. À noite, simplesmente desenrolariam os acolchoados e dormiriam no chão.

O comboio era imenso: várias dúzias de caminhões com aproximadamente mil homens. Wen ficou assombrada com o número de soldados e a magnificência da estrada. Era ainda mais impressionante do que tinha imaginado. Infinitas voltas e curvas levaram-nos através de aglomerados de montanhas. O clima mudava constantemente. Ora parecia que estavam na primavera:

fazia calor e as flores desabrochavam; ora, de súbito, a neve branca flutuava ao redor deles. Para Wen, era como se tivesse entrado num reino encantado onde mil anos do mundo exterior se passavam num único dia.

Os soldados nos caminhões eram, em sua maioria, jovens com cerca de vinte anos. Riam ruidosamente e brincavam de socar um ao outro enquanto discutiam o pouco que sabiam a respeito do Tibet — lamas, ermitões e nômades, a lendária crueldade do povo. Wen percebia que, atrás daquela algazarra, estavam todos nervosos. Não sabiam coisa alguma acerca do conflito em que se envolveriam, e abundavam boatos sobre os brutais castigos físicos que os tibetanos infligiam aos inimigos. Wen notou que aqueles jovens soldados eram, em sua maioria, camponeses ignorantes, completamente incapazes de compreender um povo tão diferente e tão distante deles. Pensou na dedicação do marido aos estudos tibetanos, na sua determinação de dominar a língua. Encolheu-se num canto do caminhão e refletiu sobre seu objetivo: encontrar Kejun. Seus pensamentos eram como um casulo, e ela mal prestou atenção na tagarelice dos outros soldados, no intenso desconforto da jornada, nas noites de frio glacial, na paisagem extraordinária. Só despertou do devaneio quando, depois de dias de viagem pela estrada, o comboio de veículos saiu da pista e começou a rodar pela pastagem, que parecia se estender infinitamente em todas as direções. Wen não tinha idéia do lugar para onde se dirigiam. Nem sequer sabia se o destino era o norte ou o sul. Perguntou a si mesma se iam para algum lugar perto das montanhas Bayan Har. Não estava preparada para uma paisagem desprovida de um ponto de referência qualquer pelo qual pudesse se orientar. Eles ainda não tinham visto nem um único sinal de habitação humana.

O comboio seguia em frente, apesar das várias paradas que foi obrigado a fazer, e os casos de enjôo por causa da altitude começaram a aumentar. Alguns dos soldados nos caminhões reclamavam de dor de cabeça; outros não conseguiam respirar direito; outros, ainda, mal podiam ficar em pé. Como um dos três médicos no comboio de mais de mil soldados, Wen teve que correr de um lado para outro com o cilindro portátil de oxigênio nas costas, ensinando os soldados a respirar nele, enquanto ministrava oxigênio àqueles que já estavam semiconscientes.

Exatamente quando as pessoas começavam a se aclimatar, Wen percebeu que algo pior estava acontecendo. O comboio reduzia a velocidade, e eles puderam ouvir disparos esporádicos à distância. Algumas vezes julgaram ter visto figuras humanas se escondendo atrás de rochas e de moitas. E passaram a temer uma emboscada. Poucos dias depois, o terreno difícil obrigou o comboio a se dividir, e o caminhão de Wen ficou num grupo de apenas sete veículos. Embora aquela área supostamente já tivesse sido "libertada" pelo Exército Popular de Libertação, era raro ver-se alguém do lugar, e não havia unidades militares nem sinais acessíveis para os operadores de rádio. A ansiedade começou a desgastar os soldados a bordo dos caminhões conforme o vazio das montanhas, a leveza do ar e as mudanças violentas do clima os envolveram num mundo de medo.

Durante o dia eles extraíam algum conforto do cenário excepcional e das criaturas vivas que avistavam ao longo do caminho — pássaros e animais. Mas à noite, com a dramática queda da temperatura, os sons dos animais e o gemido da ventania nas árvores, Wen e seus companheiros viram-se a meio caminho entre este mundo e o outro. Ninguém sabia o que aconteceria no momento seguinte. Eles esperavam que, a qualquer hora, a morte atacasse. Amontoavam-se em torno das suas fogueiras e tentavam desesperadamente dormir. Wen ficava acordada, ouvindo o vento. Parecia ouvir a voz de Kejun nas árvores, dizendo-lhe que fosse cuidadosa, que não se molhasse no sereno nem se queimasse na fogueira, que não se afastasse do grupo.

Uma manhã, quando a companhia acordou ao alvorecer, foram encontrados os cadáveres rígidos de dois soldados, com brilhantes facas tibetanas cravadas no peito. Os sentinelas confirmaram uns para os outros, sussurrando, que não tinham ouvido nada durante a noite. As facas deviam ter sido atiradas com extraordinária precisão.

Nos dois dias que se seguiram, aconteceu exatamente a mesma coisa: não importava quantos deles ficassem de vigia, nem quantas fogueiras acendessem, os soldados exaustos eram saudados no alvorecer por dois cadáveres trespassados por facas tibetanas. Não havia mais dúvida: eles estavam sendo caçados.

Ninguém conseguiu entender por que somente dois soldados eram mortos de cada vez. Quem quer que estivesse fazendo aquilo, tinha escolhido jogar um jogo muito mais perigoso do que atacar o comboio inteiro.

Como dois dos mortos eram motoristas e mais ninguém sabia dirigir, foram forçados a abandonar dois caminhões e se amontoar nos veículos restantes. Um silêncio mortal caiu sobre o comboio. Wen sabia o que todos pensavam: que aquele destino repentino e violento poderia vir a ser o deles.

Wen não tinha medo da morte. Para ela, era como se a empurrassem para ainda mais perto de Kejun. Às vezes, até, tinha esperança de que houvesse entrado na fronteira entre o mundo dos vivos e o dos mortos. Se Kejun já estivesse do outro lado, queria vê-lo o mais rápido possível, não importava em que espécie de inferno ele estivesse sofrendo.

Uma tarde, alguém de um dos caminhões apontou para a distância e gritou: "Vejam... tem alguma coisa se movendo!". Era verdade: na direção que ele indicara, havia algo rolando no chão. Quando viu que um dos soldados ia atirar, Wen correu para impedi-lo. "Se fosse algo perigoso, já teria nos atacado ou fugido", ponderou. O comandante da companhia, que estava no caminhão de

Wen, ouviu o que ela disse. Ordenou que o caminhão parasse e que alguns soldados fossem investigar. Estes logo voltaram, carregando a coisa nas costas: um tibetano inimaginavelmente imundo, de sexo indefinido, todo coberto de jóias ruidosas e brilhantes.

3. Zhuoma

Wen limpou-lhe suavemente a sujeira, e revelou-se um rosto de um tom cálido de terracota, com as faces coradas pelo sol. Era o rosto típico de uma tibetana, notou Wen — escuro, com expressivos olhos amendoados, boca sensual com o lábio inferior carnudo e o superior fino, e nariz reto e largo. Mas suas feições juvenis pareciam ter sido devastadas por alguma experiência terrível ou por uma doença — os olhos estavam injetados e indiferentes, e a boca ferida só conseguiu pronunciar um conjunto exaurido de sons indecifráveis. Era impossível que a mulher estivesse envolvida nas mortes recentes — pensamento que atravessara a mente de Wen: ela mal respirava.

Um soldado passou um cantil para Wen, que despejou seu conteúdo, gota a gota, na boca da mulher. Com a sede saciada, ela murmurou duas palavras em chinês: muito obrigada.

"Ela sabe falar chinês!", gritou um soldado para o grupo de espectadores que se reunira. Todos estavam muito agitados: nunca tinham se aproximado tanto de um nativo do Tibet, e aquela mulher também falava chinês. Imediatamente se perguntaram se ela poderia ajudá-los a evitar novos ataques, talvez oferecendo algum tipo de proteção. Wen observou que o comandante da companhia olhava para ela enquanto conversava com os oficiais dos outros caminhões. Supôs que discutissem o que fazer com a tibetana.

O comandante caminhou na direção de Wen. "Que que há com ela? Poderá ser útil para nós?", perguntou.

Wen compreendeu que a sorte da mulher estava em suas mãos. Depois de tomar seu pulso e auscultar-lhe atentamente, com o estetoscópio, o peito e o coração, virou-se para o comandante e disse: "Eu diria que o que ela tem é apenas um cansaço extremo, logo vai se recuperar".

Era verdade, mas Wen sabia que teria dito a mesma coisa se assim não fosse. Não queria que a tibetana fosse abandonada.

"Ponham-na no caminhão, e vamos embora." Dizendo isso, o comandante subiu no veículo.

Uma vez na estrada, a tibetana caiu num sono profundo, e Wen explicou aos companheiros que provavelmente ela não tinha comido, nem bebido, nem sequer dormido, por vários dias e noites. Percebeu que os soldados não acreditaram nela, mas ainda assim todos se apertaram para dar o maior espaço possível à mulher.

Wen olhava fascinada para os colares e amuletos da tibetana, que subiam e desciam com sua respiração ofegante. Embora de textura áspera e coberto de pó e sujeira, seu vestido pesado tinha partes finamente bordadas. Não se tratava de uma camponesa, pensou Wen. E sorriu consigo mesma ao notar que os soldados no caminhão, alguns boquiabertos, não conseguiam tirar os olhos daquela criatura exótica.

Wen achou que aquele dia não terminaria jamais. A estrada tornou-se cada vez mais difícil e irregular à medida que eles passavam lentamente por vários desfiladeiros perigosos. O vento ganhara tanta força que balançava os caminhões. Ao anoitecer, afinal acamparam sob uma saliência rochosa. O comandante sugeriu que se pusesse a mulher perto de uma das fogueiras, primeiro para dar a ela o calor de que ainda precisava; depois, e mais importante, para deter os assassinos, que provavelmente continuavam a segui-los. Todos se acomodaram e dormiram um sono bastante intranquilo.

No meio da noite, Wen ouviu a tibetana gemer e se levantou.

"Que foi? Precisa de alguma coisa?"

"Água... água." Sua voz soava desesperadamente fraca.

Wen logo lhe deu um pouco d'água e, depois, uma porção generosa de pasta de farinha. Antes, quando encontraram a mulher, Wen só pudera lhe dar um bocado da sua própria ração, mas, agora que tinham acampado e que as provisões haviam sido desembrulhadas, conseguira separar um pouco mais. Gradualmente a mulher foi recuperando as forças e pôde falar.

"Obrigada", disse. "Você é muito bondosa." Embora ela falasse chinês com clareza, seu sotaque era estranho.

"Eu sou médica", disse Wen, procurando na memória a palavra tibetana para "médico", que Kejun lhe ensinara uma vez. "*Menba*. Posso cuidar de você. Não fale. Espere até que esteja se sentindo melhor. Você ainda está muito doente."

"Não tenho nada sério, só estou exausta. Posso falar." Com grande esforço, tentou aproximar de Wen o corpo fragilizado.

"Não, fique aí, posso ouvi-la. Como se chama?"

"Zhuoma", disse ela debilmente.

"E onde mora?"

"Em lugar nenhum. Minha casa não existe mais." Seus olhos se encheram de lágrimas.

Wen perdeu a fala. Depois de um breve silêncio, perguntou: "Como sabe falar tão bem chinês?".

"Aprendi quando era criança. Visitei Pequim e Xangai." Wen espantou-se.

"Eu vim de Suzhou", disse, nervosa, com grande esperança de que ela conhecesse sua cidade natal. Mas no mesmo instante o rosto de Zhuoma se encheu de vida e de raiva.

"Então por que a deixou e veio para cá matar tibetanos?" Wen ia protestar quando, de repente, a mulher começou a gritar em tibetano. Os homens, que já estavam impacientes, puseram-se de pé. Mas era tarde: mais um soldado fora morto, atingido no coração por uma faca tibetana. Soaram tiros e gritos, e por alguns momentos uma espécie de loucura se abateu sobre os soldados. Então voltou a imperar um silêncio aterrorizante, como se um destino medonho estivesse pronto a desabar sobre a primeira pessoa que produzisse o menor som.

E, naquele silêncio, um soldado se aproximou e apontou sua arma para Zhuoma, que ainda estava muito fraca para ficar em pé.

"Vou atirar para matar, tibetana! Vou... atirar... para matar!", gritou ele, e armou o gatilho.

Com uma coragem que ignorava possuir, Wen se lançou entre Zhuoma e o soldado.

"Não, espere, ela não matou ninguém, você não pode assassiná-la!" Ela tremia, mas falou com firmeza.

"Mas é o povo dela que está nos matando. Eu... eu não quero morrer!" O soldado parecia prestes a explodir de pânico e de fúria.

"Mate-a, mate-a!" Mais e mais soldados fizeram coro com o argumento. Estavam todos ao lado daquele que segurava a arma.

Wen olhou fixamente para o comandante, esperando que viesse em seu auxílio, mas o rosto dele permaneceu impassível.

"Boa *menba*", disse Zhuoma, "deixe que eles me matem. Existe tanto ódio entre os chineses e os tibetanos, ninguém vai conseguir mudar essa situação. Se me matar lhes trouxer um pouco de paz, fico feliz de morrer aqui."

Wen se virou para a multidão. "Vocês ouviram? Essa mulher se sacrificaria por nós. Sim, ela é tibetana, mas gosta de nós, gosta da nossa cultura, esteve em Pequim, em Xangai. Ela sabe falar chinês. Quer nos ajudar. Por que deveríamos tirar a vida dela? O que vocês pensariam se matassem seus entes queridos por vingança? O que fariam?" Estava quase chorando.

"Os tibetanos nos mataram por vingança", vociferou um soldado.

"Eles tiveram motivos para se ressentir, e nós também, mas por que devemos piorar as coisas e criar novos ódios?" Logo que essas palavras saíram da sua boca, Wen pensou como era inútil falar com aqueles soldados ignorantes, que só conheciam o amor e o ódio. Wang Liang estava certo: a guerra definia linhas claras de amor e de ódio entre as pessoas.

"Que entendem as mulheres de inimigos? Ou de ódio?", gritou uma voz da multidão. "Mate logo a tibetana."

Wen se virou para enfrentar a voz. "Quem disse que não entendo de inimigos nem de ódio? Vocês sabem por que deixei Suzhou e viajei milhares de quilômetros para este lugar apavorante? Vim procurar meu marido. Fazia apenas três semanas que estávamos casados quando ele veio para a guerra no Tibet, e agora está desaparecido. Minha vida não é nada sem ele." E começou a chorar.

Os soldados se calaram. O choro de Wen era acompanhado apenas pelos estalos da madeira queimando. A alvorada rompia, iluminando um pouco mais o acampamento.

"Eu sei o que é odiar. Se meu marido estiver mesmo morto, morto aos vinte e nove anos, eu estou aqui por vingança, para encontrar seus assassinos. Mas vocês não acham que o povo daqui também nos odeia? Não se perguntam por que não vemos ninguém à nossa volta? Não acham que talvez isso tenha alguma coisa a ver conosco?"

Wen olhou para sua audiência silenciosa, e continuou mais

41

lenta e deliberadamente: "Todas essas mortes nos últimos dias são um aviso para nós. Tenho pensado muito sobre isso: eu estou com tanto medo e tão cheia de ódio quanto vocês. Mas, afinal, por que estamos aqui? Os tibetanos nos deram boas-vindas? Nós viemos libertá-los, então por que eles nos odeiam?".
"Companhia, em forma!"
O comandante interrompeu Wen. Enquanto os soldados se perfilavam, sussurrou-lhe: "Entendo o que você está dizendo, mas não pode falar com os soldados desse jeito. Nós somos um exército revolucionário, não uma força de opressão. Entre na fila e aguarde as ordens".
Virando-se para os soldados, continuou: "Camaradas, nós nos encontramos numa situação muito séria e complexa. Devemos lembrar as 'Três Grandes Regras de Disciplina' e as 'Oito Recomendações' do exército, bem como a política do Partido para as minorias. Perdoamos a incompreensão do povo tibetano, esforçamo-nos por obter sua colaboração e sua compreensão, e trabalhamos tão duro quanto possível pela libertação do Tibet".
Olhou de relance para Zhuoma e para Wen.
"Se quisermos libertar o Tibet, precisamos da ajuda do povo tibetano, principalmente dos tibetanos que sabem falar chinês. Eles podem nos afastar do perigo, podem nos ajudar a conquistar os nativos e a resolver mal-entendidos. Podem nos mostrar onde encontrar água e lugares para acampar, e nos explicar a cultura e os costumes tibetanos. O comando da unidade decidiu que Zhuoma ficará conosco, como nossa guia e intérprete."
Todos se mostraram aturdidos com a notícia, especialmente Zhuoma. O rosto dela estava tomado pela perplexidade. Era visível sua dificuldade em entender o forte sotaque de Shanxi do comandante ou o que ele queria dizer com regras de disciplina e recomendações do exército, mas ela percebeu que os soldados já não a olhavam com aquele ódio feroz. Sem mais explicações, o

comandante ordenou que os soldados enterrassem o camarada morto, acendessem o fogão para o café-da-manhã, apagassem a fogueira e vistoriassem as munições. Mais uma vez o homem assassinado era um motorista, e, assim, outro caminhão teve que ser abandonado. Os veículos restantes agora estavam mais lotados ainda. E, antes que o comboio partisse, o comandante providenciou para que Zhuoma e Wen sentassem na cabine do caminhão onde costumava viajar. O motivo era proporcionar "mais conforto" aos soldados, mas Wen sabia que o que ele queria na verdade era dar, a ela e a Zhuoma, a oportunidade de descansar em segurança.

Na primeira parte da jornada, Zhuoma se entregou a um sono demorado, com a cabeça repousada no ombro de Wen. Quando ela acordou, Wen ficou satisfeita de ver que seus olhos começavam a brilhar. Deu-lhe mais um pouco de pasta de farinha e, quando as faces de Zhuoma recuperaram a cor, reparou como ela era jovem e bonita.

"Onde está sua família?", perguntou. "Para onde você ia?"

Os olhos de Zhuoma se encheram de tristeza. Enquanto o caminhão sacolejava, ela contou serenamente a história da sua vida a Wen.

Zhuoma tinha vinte e um anos. Seu pai fora chefe de uma importante família proprietária de terras na região de Bam Co, área fértil bem ao norte de Lhasa e uma das "entradas" para as montanhas, com acesso para o norte do Tibet. Ele comandava uma família grande, com vastas terras e muitos servos. A mãe de Zhuoma havia morrido em razão de complicações durante seu nascimento, e as outras duas esposas do pai não geraram filhos; assim, ela fora seu maior tesouro.

Quando Zhuoma tinha cinco anos, dois chineses de farda vieram passar uma temporada na casa da sua família. O pai disse que

43

tinham vindo pesquisar a cultura tibetana. Foi só mais tarde que ela ficou sabendo que eles haviam sido enviados pelo governo nacionalista da China para pesquisar as artes e os costumes do Tibet. Os chineses se encantaram com Zhuoma e, em seu precário tibetano, contaram-lhe muitas histórias maravilhosas. O mais velho preferia narrar episódios da história chinesa. Contou que, cinco mil anos antes, Da Yu tinha acabado com as inundações provocadas pelo rio Amarelo dividindo-o em dois braços; que Wang Zhaojun, uma das quatro belas mulheres da história chinesa, trouxera a paz para o norte da China casando-se com um rei bárbaro; que os princípios do poder político estavam resumidos num livro chamado *Os três reinos*, e que Sun Yat-sen havia fundado o Estado moderno da China. O mais jovem a deslumbrara com as lendas chinesas e com histórias de ousadia feminina. Falou sobre Nu Wa, que, ao ver que o céu se partira, segurara uma pedra contra a fenda; sobre o Rei Macaco, que desafiara a autoridade dos céus, e sobre a jovem Mulan, que se disfarçara de homem e se alistara no exército no lugar do pai, lá permanecendo por muitos anos até que a descobrissem.

Zhuoma ficou fascinada por aqueles contos e lendas, que eram completamente diferentes dos que existiam na cultura tibetana. Não dava sossego aos homens, que disseram a todo mundo que o número de perguntas que ela fazia era maior que o número de estrelas que havia no céu. Encorajada por eles, Zhuoma aprendeu a ler os ideogramas chineses, mas, temendo possíveis dificuldades, não quis copiá-los. Os homens voltaram para a China quando ela estava com quinze anos, levaram com eles muitos códices em tibetano e deixaram para Zhuoma uma imensa pilha de livros, além de uma grande solidão e de um desejo profundo de conhecer a China.

Conforme crescia, ela implorava constantemente ao pai que a deixasse visitar a China, mas ele sempre respondia que não, que ela era jovem demais ou que ainda não chegara a hora. Porém, quando Zhuoma o ouviu dizendo às pessoas que, como faziam outros proprietários de terra com os filhos, planejava enviá-la à Inglaterra para estudar, por conta dos elos históricos entre os dois países, ameaçou de jamais se casar se ele não a deixasse conhecer Pequim. O pai cedeu e lhe permitiu que acompanhasse um proprietário rural de uma região vizinha numa viagem à China. Como ela sabia falar chinês, o homem concordou em levá-la, com a condição de que obedecesse à sagrada lei tibetana de não falar sobre o que sabia e não perguntar sobre o que não sabia.

E, assim, na primavera, a jovem Zhuoma foi para Pequim.

"Fiquei apavorada com as pessoas e com o tráfego", contou ela a Wen. "Eu imaginava que Pequim fosse uma grande pastagem, como o Tibet, com uma língua e uma cultura diferente, claro, mas nada além disso. Foi um choque. Eu não podia acreditar que os chineses falassem tanto. Seus rostos pareciam tão brancos e limpos, era como se a vida não tivesse tocado neles. Não havia cavalos, grama, espaço; somente prédios, carros, gente, ruas e muito barulho. Fiquei ainda mais chocada com Xangai. Vi pessoas com cabelos dourados e olhos azuis — como os fantasmas que se vêem na pintura tibetana —, andando normalmente na rua. Nosso acompanhante chinês explicou que se tratava de 'ocidentais', mas eu não sabia o que aquilo significava nem podia perguntar, pois tinha que manter a promessa de 'não perguntar sobre o que não sabia'."

Quando Zhuoma voltou para o Tibet, morria de vontade de contar às pessoas todas as coisas estranhas e interessantes que tinha visto, mas ninguém entendia o que ela falava. Quanto a seu pai, algo muito sério parecia preocupá-lo. A ansiedade e o abatimento tiraram-lhe todo o interesse no que Zhuoma tinha para contar, e suas duas esposas não falavam com ela de jeito nenhum. Para compensá-la por sua desatenção, o pai começou a mandar o cavalariço dele lhe fazer companhia e ouvir suas histórias.

"Meu pai não suportava me ver tão solitária, mas a única coisa que conseguiu fazer foi mandar um dos seus criados para mim. Nunca passou pela cabeça dele que eu pudesse me apaixonar pelo cavalariço."

Uma sombra de angústia atravessou o rosto de Zhuoma.

"Meu pai ficou furioso quando descobriu. Disse que o que eu sentia não era amor, que eu estava apenas carente. Tudo o que eu sabia era o que sentia: que queria estar com aquele homem o tempo inteiro e que amava tudo o que lhe dizia respeito.

"Na área do Tibet onde vivíamos", continuou Zhuoma, "o amor entre um nobre e um servo é proibido. É a vontade dos espíritos, e não há nada que se possa fazer para mudá-la. Mas nós todos somos criaturas emotivas, e não é fácil reprimir emoções. Portanto, existem certas regras para esses casos. Se um servo e uma nobre se apaixonam, o homem não tem escolha: deve levar a mulher para bem longe. Quando ele faz isso, ela perde tudo: família, propriedade, até mesmo o direito de continuar a viver no lugar onde nasceu. Conhecendo minha teimosia, meu pai aceitou a orientação do servidor mais antigo da família, seu conselheiro desde que ele era menino, e mandou-me de volta para Pequim com um grupo de criados."

O homem com quem Zhuoma fora à China pela primeira vez tinha amigos em Pequim, e ela, então com dezessete anos, hospedou-se na casa deles. Logo depois, seus criados receberam ordem para voltar ao Tibet. Não tinham conseguido se adaptar. Para eles, Pequim nem sequer parecia pertencer ao mundo dos homens. Sentiam-se rodeados por demônios. Ninguém falava sua língua nem comia sua comida. Sem templos nem mosteiros, deixaram de ser protegidos pelos espíritos. Zhuoma, por sua vez, floresceu. Ingressou no Instituto Central das Nacionalidades — universidade fundada pelo governo comunista especialmente para educar jovens dos territórios das minorias. Lá, o cavalariço logo foi substituído, em seu espírito jovem, pelo amor à cultura chinesa.

"Eu adorava conhecer pessoas tão diferentes dos tibetanos", confidenciou Zhuoma a Wen. "Adorava Pequim, com sua imensa praça Tiananmen. No Instituto, meu chinês já era muito mais fluente que o da maioria dos alunos, e progredi bastante nos estudos. Eu jamais tinha ido além dos confins das terras do meu pai, e fiquei animada ao aprender que as várias regiões do Tibet tinham muitos costumes diferentes e muitos ramos da sua única religião. Quando me formei, decidi continuar no Instituto como professora e tradutora de tibetano.

"Mas não era para ser. Justo quando eu estava me mudando do alojamento dos alunos para o dos professores, recebi uma mensagem dizendo que meu pai se encontrava seriamente doente."

Zhuoma contou que partiu para o Tibet naquele mesmo entardecer, viajando tão rápido quanto possível, dia e noite, primeiro de trem, depois de carroça, e finalmente a cavalo, que chicoteou em sua pressa de voltar para as terras do pai. Mas, quando chegou ao sopé das montanhas Tanggula, os criados que ali a esperavam lhe comunicaram que seu senhor não tinha conseguido resistir para ver a filha pela última vez. Havia morrido sete dias antes.

Zhuoma não queria acreditar e, devastada pelo sofrimento, seguiu para casa. Viu de longe as flâmulas de oração tremulando no salão onde o pai era velado. Quando se aproximou, ouviu as recitações dos lamas, que enviariam o espírito dele para o céu. No salão, seu pai já estava enrolado numa mortalha, com as duas esposas ajoelhadas em silêncio à sua esquerda. À direita via-se o retrato da mãe de Zhuoma, com o amuleto do Buda de jade que usara em vida. A almofada bordada de ouro que Zhuoma usava para rezar fora colocada debaixo da estátua de ouro do Buda, a qual se achava junto à cabeça do seu pai. Ele estava cercado de oferendas aos espíritos, echarpes brancas do ritual *Kata*, inscrições sagradas e outros objetos trazidos como tributo por amigos, parentes, membros da casa e servos da fazenda.

"Eu era a herdeira do meu pai", explicou Zhuoma. "Sendo jovem, jamais tinha pensado sobre seus deveres como senhor de uma propriedade rural tão grande. Tampouco ele conversara comigo a respeito dessas questões. Mas naquele momento, depois que os quarenta e nove dias dos ritos fúnebres foram observados, o servidor mais antigo do meu pai contou-me os pesados fardos que ele tivera que carregar semanas antes de morrer.

"Mostrou-me três cartas. Uma era de outro grande chefe de família do lugar, insistindo que meu pai apoiasse o Exército dos Defensores da Fé e se rebelasse contra o povo chinês. Dizia que os chineses eram monstros e traziam vergonha para as terras de Buda. A carta solicitava que ele contribuísse com prata, iaques, cavalos, roupas e grãos para o exército e que envenenasse os mananciais para impedir que os chineses fizessem uso da água.

"Outra era de um general chinês chamado Zhang, que queria o auxílio do meu pai para 'unificar a pátria'. Dizia esperar que ele o ajudasse a evitar uma carnificina e que, se não o fizesse, seria obrigado a enviar soldados para sua propriedade. Contou-lhe que eu era bem tratada em Pequim.

"A terceira carta era do quarto irmão do meu pai. Havia chegado pouco antes de ele morrer. Aconselhava-o a fugir para o oeste com a família, dizendo que em sua região eclodira uma luta feroz entre tibetanos e chineses. Todos os templos foram destruídos, os proprietários de terra, massacrados, e os servos tinham fugido. Ele ouvira boatos de que eu era prisioneira em Pequim. Esperava que a carta chegasse a tempo. Ele próprio vivia a expectativa sobre o destino que lhe fora reservado.

"Depois que li aquelas cartas, fiquei muito confusa. Não

entendi por que havia tanto ódio entre minha terra natal e o país dos meus sonhos. Dei-me conta de que a causa da morte do meu pai fora sua grande angústia. Ele ficara preso entre as ameaças de chineses e de tibetanos. Não conseguiria suportar as cenas descritas na carta do meu tio. A religião é a força vital do povo tibetano. "Refleti durante horas no que fazer. Não desejava ajudar o Exército dos Defensores da Fé a matar o povo chinês, tampouco queria que o sangue do meu próprio povo profanasse a terra. Meu patrimônio e meu papel de senhora da propriedade rural já não significavam nada para mim. Assim, decidi me afastar da luta, na esperança de encontrar a liberdade..."

Zhuoma continuou a relatar com voz serena como tinha desmanchado sua propriedade. Deu uma grande quantia em ouro às madrastas e mandou-as embora; deixou que os criados partissem, livres, e dividiu com eles muitos dos seus bens. Escondeu na roupa os adornos e as jóias que pertenciam à família havia muitas gerações, esperando que a protegessem e lhe permitissem comprar alimentos. Depois, abriu os celeiros e distribuiu seu conteúdo entre os servos. Enviou para um mosteiro o precioso Buda de ouro e todos os outros objetos religiosos da família. Percebeu que o servidor mais antigo do pai a observava o tempo inteiro. Ele estava na casa desde que seu pai tinha três anos e começara a ler as escrituras. Três gerações da família haviam se beneficiado da sua capacidade e sabedoria. Agora ele era forçado a testemunhar a destruição da propriedade.

Quando tudo acabou, Zhuoma percorreu a morada vistoriando os cômodos vazios. Anoitecera, e ela carregava uma tocha. Antes de partir, pretendia incendiar a casa. Quando ia pôr seu plano em prática, o servidor se aproximou dela, com a cabeça baixa.

"Senhora", disse. "Como em seu coração esta casa já foi reduzida a cinzas, a senhora a deixaria para mim?"

Zhuoma ficou surpresa. Nunca poderia imaginar que o criado lhe faria um pedido daqueles.

"Mas não tem mais nada aqui", balbuciou. "Como você vai viver? O confronto está cada vez mais próximo..."

"Eu cheguei aqui com as mãos vazias, e partirei com as mãos vazias", disse o homem. "Os espíritos me guiarão. Aqui eu fui acolhido na fé budista. Na vida ou na morte, minhas raízes estão aqui. Senhora, por favor, atenda meu pedido."

Durante todo o tempo em que falou, ele manteve a cabeça baixa.

Zhuoma o fitou e compreendeu que aquele homem não era o criado humilde da sua infância. Tinha o rosto completamente mudado.

"Muito bem", disse ela, sentindo a gravidade das suas palavras. "Que os espíritos o protejam e realizem seu desejo. Levante a cabeça e receba sua casa."

Em seguida, entregou-lhe a tocha.

Zhuoma conduziu seu cavalo para o portão do pátio e contou todos os passos enquanto caminhava — quinhentos e noventa e nove no total. Quando chegou ao portão, virou-se para trás e, pela primeira vez na vida, deu-se conta da grandiosidade do lar da sua infância. A arcada ornamentada da casa de dois andares resplandecia com suas cores brilhantes; as oficinas, as cozinhas, os alojamentos dos criados, os estábulos, os depósitos e os celeiros dos dois lados da casa estavam muito bem conservados. Ao longe, via o servidor do seu pai, em pé como uma estátua, iluminado pela tocha.

Voltou-se para o portão e deixou a casa. No que restava da luz do dia, distinguiu um homem e um cavalo, este sobrecarregado.

"Quem é?", perguntou, surpresa.

"Senhora, sou eu", veio a resposta. A voz era familiar.

"Cavalariço? É você? Que está fazendo aqui?"

"Eu... eu queria ser um guia para minha senhora."

"Um guia? Como sabe aonde quero ir?"
"Eu sei. Soube desde que minha senhora voltou de Pequim e me contou histórias."

Zhuoma ficou tão comovida que nem soube o que dizer. Nunca havia pensado que o cavalariço fosse um homem com tanto sentimento e paixão. Queria ver a expressão do seu rosto, mas ele falava com a cabeça baixa.

"Levante a cabeça e me deixe olhar para você", disse ela.
"Senhora, seu cavalariço não ousa..."
"De agora em diante, eu não sou mais sua senhora, e você não é mais meu cavalariço. Como se chama?"
"Eu não tenho nome. Sou simplesmente 'cavalariço', como meu pai."
"Então eu lhe darei um nome. Posso?"
"Obrigado, senhora."
"E você deve me chamar de Zhuoma, ou não o aceitarei como meu guia."
"Sim... não", murmurou o homem, confuso.

Zhuoma sorriu quando disse a Wen que tinha chamado o cavalariço de Tiananmen por causa da grande praça que tanto a impressionara em Pequim. Mas sua expressão logo se entristeceu, ao contar o que aconteceu depois.

Ela e Tiananmen se preparavam para iniciar a cavalgada, quando, de repente, ele apontou para o céu e gritou: "Senhora, um incêndio! Um grande incêndio!".

Zhuoma se virou e viu a casa em chamas, e, no pátio, o servidor da sua família bradando preces enquanto ardia no fogo. As lágrimas lhe escorreram pelo rosto. O leal servo imolava a si próprio na casa a que dedicara a vida.

Wen ficou paralisada só de imaginar como seria perder a família daquela forma. E, enquanto Zhuoma continuou a contar sua história, quase não conseguiu segurar as lágrimas.

Zhuoma e Tiananmen viajaram para o leste, na direção da China. Tiananmen era um bom guia e evitou as rotas habituais, onde havia conflitos entre chineses e tibetanos. Eles tinham bastante comida — carne-seca, cevada, um pouco de manteiga e queijo. Os rios lhes davam água, e havia lenha para o fogo. Embora tivessem que atravessar vários desfiladeiros, Tiananmen sempre sabia onde encontrar abrigo.

Durante a longa jornada, Tiananmen dedicou-se a Zhuoma de corpo e alma: achava água, preparava a comida, apanhava lenha, arrumava lugar para dormir e, à noite, vigiava. Zhuoma jamais vivera ao ar livre e não sabia como ajudá-lo. Enquanto ficava sentada ao lado da fogueira ou sacolejava no cavalo, deleitava-se com o amor silencioso de Tiananmen. Apesar da situação desesperadora em que se encontravam, ela se sentia confiante e feliz. Mas então o tempo mudou. Um vento forte veio da estepe, trazendo uma nevasca que arrastou tudo o que havia em sua frente. Zhuoma e Tiananmen mal conseguiam avançar com os cavalos. Quando percebeu que seria perigoso demais continuar, Tiananmen arrumou um lugar debaixo de um grande penedo para Zhuoma dormir. Depois ficou em pé diante dela, a fim de protegê-la do vendaval.

No meio da noite, o rugido do vento acordou Zhuoma. Ela gritou por Tiananmen, mas não teve resposta. Lutou para se levantar, mas sucumbiu ao vendaval, e seguiu rastejando, aos gritos. Perdida no breu, não tinha nenhuma referência pela qual pudesse se orientar. Por fim desmaiou e rolou montanha abaixo para uma ravina rochosa.

Quando ela voltou a si, o céu estava lavado, brilhando de tão azul. Caída sobre a encosta pedregosa de uma vala, Zhuoma não viu sinal nem de Tiananmen, nem dos seus pertences ou das suas bagagens. Em silêncio, o céu azul observou-a chorar; vários abutres planavam sobre sua cabeça e, com seus gritos, ecoavam os dela.

"Eu gritei várias vezes o nome de Tiananmen, até ficar rouca", disse Zhuoma. "Não tinha idéia do que fazer. Felizmente, não me ferira, mas não sabia onde estava nem que direção seguir. Eu sou filha de um nobre: estou acostumada a ser servida por criados. Tudo o que sabia sobre o leste e o oeste era o nascer e o pôr do sol. Caminhei durante dias sem encontrar ninguém. Então desmaiei de frio e de fome. Exatamente quando pensei que ia morrer, ouvi seus caminhões e implorei ao Senhor Buda para que vocês me vissem."

Houve um longo silêncio na cabine do caminhão. Wen não sabia o que dizer a Zhuoma, depois de tudo o que ela contara. No fim, foi o motorista que falou primeiro. Embora parecesse ter ficado o tempo todo concentrado na estrada difícil, ouvira cada palavra.

"Você acha que Tiananmen ainda está vivo?", perguntou.

"Não sei", respondeu Zhuoma. "Mas, se estiver, eu me casarei com ele."

Naquela noite, todos estavam com medo de dormir. Em volta das fogueiras, os soldados exaustos sentaram-se costas com costas, um grupo de frente para o fogo e outro vigiando a escuridão. Trocavam de posição a cada hora.

De repente, Wen se lembrou de algo. Virou-se para Zhuoma.

"Esta manhã, quando fomos atacados, você gritou alguma

coisa em tibetano. Que foi que disse? Como sabia que os tibetanos tinham se aproximado?"
"Eu os ouvi sussurrando as palavras que os tibetanos pronunciam ritualmente como um sinal para matar. Queria dizer a eles que não o fizessem, que havia uma tibetana no grupo..."
Wen ia perguntar mais quando Zhuoma gritou novamente, um guincho lancinante e aflito que arrepiou a todos.
Quando o grito morreu na garganta de Zhuoma, os soldados do círculo externo viram sombras negras se aproximando.
O instinto de Wen lhe disse que ninguém devia se mexer, que quem se mexesse seria morto. Em poucos segundos, inúmeros tibetanos armados com revólveres e facas os cercaram. Wen achou que o fim tinha chegado para todos eles. Então, uma triste canção inundou o ar. A melodia era tibetana, mas os versos eram chineses:

Montanha nevada, por que não chora? Seu coração está frio demais?
Montanha nevada, por que chora? Seu coração está magoado demais?

Todos olharam para Zhuoma quando ela, sempre cantando, levantou-se vagarosamente e caminhou até o líder dos tibetanos. Depois de lhe dirigir uma saudação, tirou um adorno do vestido e deu de presente a ele. A visão do adorno teve efeito imediato sobre o tibetano, que, com um gesto, mandou seus homens recuarem. Em seguida, retribuiu a saudação de Zhuoma e começou a conversar com ela.
Wen e o resto da companhia não faziam idéia do que eles diziam, mas tinham certeza de que Zhuoma procurava descobrir uma maneira de salvá-los. Depois de muitos minutos tensos, Zhuoma voltou. Os tibetanos, ela disse, queriam puni-los. Quando o Exército Popular de Libertação se dirigia para o oeste, apagou a chama eterna dos mosteiros e assassinou vários dos seus pastores. Os tibetanos acreditavam que haviam perdido duzentos e trin-

ta e um pastores e pretendiam tirar o dobro de vidas chinesas. Embora Zhuoma tivesse tentado negociar, eles foram inflexíveis, alegando que, se libertassem os chineses, estes matariam mais tibetanos. No entanto, o líder disse que lhes daria uma oportunidade se aceitassem três condições. Em primeiro lugar, eles queriam levar como reféns dez chineses, que seriam mortos se o Exército Popular matasse mais tibetanos; em segundo lugar, queriam que os chineses voltassem para suas terras no leste e nunca mais dessem nem um passo para o oeste; a última condição era que os chineses deixassem para trás todas as suas armas e equipamentos, inclusive os caminhões.

O operador de rádio argumentou que voltar sem comida nem água não era diferente de morrer. Zhuoma lhe disse que os tibetanos estavam dispostos a deixar porções de carne-seca para eles.

Nesse momento, o comandante da companhia, que permanecera em silêncio o tempo todo, pediu a Zhuoma que se dirigisse novamente aos tibetanos e solicitasse permissão para que ele fizesse uma reunião com seus homens.

Zhuoma não demorou a retornar. "Eles concordam", disse. "Vocês devem depositar suas armas no chão e ficar em pé ali."

O comandante desafivelou seu cinturão e o depositou no chão com cuidado; depois, voltou-se para seus homens.

"Todos os membros do Partido devem depositar no chão suas armas, como eu fiz, e me seguir até ali para uma reunião. O restante deve permanecer aqui."

Vinte ou trinta soldados deixaram o grupo silencioso, observados pelos tibetanos. Vários minutos depois, alguns dos homens voltaram para as fileiras, mas doze permaneceram com o comandante. Este pediu a Zhuoma que dissesse aos tibetanos que, embora eles tivessem exigido dez reféns, doze membros do Partido queriam viver e morrer juntos. Portanto, deixariam mais dois reféns. Claramente comovidos com o sacrifício de outros dois homens, os tibetanos deram aos chineses que partiram não só carne-seca, mas também cantis e algumas facas.

As duas mulheres permaneceram com os tibetanos. Wen tinha dito a Zhuoma alguma coisa sobre sua busca por Kejun e sobre seu desejo de ir para o norte, rumo a Qinghai. Em virtude da ascendência de Zhuoma, o líder dos tibetanos permitiu que elas os acompanhassem na direção oeste. Quando chegasse a hora de as mulheres irem para o norte, mandaria um guia com elas. Ao sentar-se na garupa de um cavalo dos tibetanos, agarrada na cintura de Zhuoma como se sua vida dependesse daquilo, Wen lhe perguntou como conseguira negociar com os tibetanos. Zhuoma explicou que os adornos dela a identificaram como senhora de uma propriedade rural. Embora os tibetanos fossem divididos em muitos grupos diferentes, cada um com cultura e costumes distintos, todos faziam sacrifícios a Buda, e todos os líderes possuíam adornos idênticos, que eram um símbolo do seu poder. O líder dos tibetanos reconhecera imediatamente o status superior de Zhuoma, e ela estava feliz de ter tido a chance de usar seu poder para ajudar Wen, uma vez que devia a vida à *menba* chinesa.

O grupo viajou para o oeste durante quatro dias e meio. O líder então foi até Zhuoma e Wen e disse-lhes que, se ainda quisessem ir para Qinghai, era naquele ponto que deviam seguir para o norte. Eles tinham acabado de embrulhar as provisões para as mulheres quando três mensageiros a cavalo se aproximaram a toda a pressa com a notícia de que a cavalaria chinesa avançava. No mesmo instante o líder tibetano ordenou que seus homens escondessem os cavalos num matagal próximo, para onde Zhuoma também conduziu o dela.

Na mata, Wen não pôde deixar de se agitar por ter deparado tão inesperadamente com forças chinesas. Talvez Kejun estivesse entre elas. Mas seu entusiasmo logo foi sufocado pela fúria no rosto dos tibetanos e pela imagem dos doze reféns chineses sendo conduzidos para um desfiladeiro. Aterrorizada, ela viu uma grande unidade da cavalaria chinesa perseguir e matar os poucos tibetanos que não conseguiram se esconder. Houve tiroteio. Homens caíram dos cavalos, esguichando sangue. Wen agarrou a mão de Zhuoma, tremendo diante daquela cena medonha. A tibetana estava com os punhos cerrados. A luz se extinguia no céu. Quando afinal o líder tibetano anunciou que podiam seguir em frente com segurança, havia escurecido completamente. Wen sentia a ansiedade no corpo de Zhuoma enquanto a tibetana incitava seu cavalo a permanecer com os demais. Mas o vento e a escuridão conspiraram para separá-las dos companheiros. Quando lutavam para avançar através do vendaval, de súbito o animal deu um relincho longo e assustado, e jogou-as no chão. Segundos depois ouviram um baque: era o corpo dele batendo no fundo da ravina. O leal cavalo as salvara de morte certa. Atordoadas, as duas se abraçaram no vento selvagem e sentaram-se, quase não acreditando que ainda estavam vivas. As palavras de Wang Liang passaram num relâmpago pela cabeça de Wen: "A guerra não dá a ninguém tempo para estudar ou oportunidade para se adaptar".

4. Uma família tibetana

Ainda flutuando em algum lugar entre a vida e a morte, Wen lutou para abrir os olhos. Estava deitada no chão, mas aquecida e confortável. Um foco de luz forte, vindo de cima, tornava difícil enxergar qualquer coisa ao redor. Seu corpo enfraquecido moveu-se com grande esforço. O instinto lhe dizia que ela estava todinha ali, mas sua cabeça parecia estranhamente ausente.

"Este é o sol do mundo humano", Wen se perguntou, "ou o sagrado esplendor do céu?"

Um rosto familiar debruçava-se sobre ela.

"Como se sente, *menba*?" Era Zhuoma.

"Zhuoma?" Wen percebeu que voltava para o mundo dos vivos. "Onde estamos?"

"Na casa de uma família nômade, na sua tenda. Por sorte, nós caminhamos até a região das planícies, onde eles passaram o inverno. Você desmaiou. Não sei o que teria feito se Gela, o chefe da família, não tivesse nos encontrado."

Wen tentou levantar-se.

"Não se mexa", advertiu Zhuoma. "Eles passaram ungüento na sua testa. Como se sente?"

"Minhas coisas..." Wen procurou no chão à sua volta a trouxa de pertences que carregara com tanto cuidado desde Zhengzhou.

"Perderam-se", disse Zhuoma. "Mas o livro que estava no seu bolso está salvo. Eu o coloquei ao lado do seu travesseiro. Deve significar muito para você. Não o largou nem mesmo quando estava inconsciente."

Uma menina de onze ou doze anos entrou na tenda carregando uma tigela de cerâmica, que entregou timidamente a Zhuoma, e depois saiu correndo. Zhuoma disse a Wen que a tigela continha água fresca, trazida por uma das filhas. O resto da família estava fora, trabalhando. Planejavam se mudar em breve para os pastos de primavera, mas enquanto isso Wen podia ficar ali e descansar.

"Mas não posso me aproveitar assim dessas pessoas", disse Wen. "Elas já devem ter bastante dificuldade na vida, sem o fardo de uma pessoa doente."

"O povo tibetano abre as portas de sua casa para todos os viajantes", acalmou-a Zhuoma, "sejam eles ricos ou pobres. É a tradição do nosso país." E saiu para falar com a família.

Wen abriu o livro com os ensaios de Liang Shiqiu e dali tirou a fotografia de Kejun. Em meio a todos aqueles acontecimentos estranhos, ele continuava a sorrir para ela. Em seguida, Wen se pôs a observar a insólita habitação em que se encontrava. A tenda de quatro lados era feita de grandes pedaços de um tecido grosseiro de pêlo animal e apoiada em fortes pilares de madeira. No topo havia uma clarabóia, que podia ser aberta e fechada por uma aba de tecido. Por ali é que tinha passado o foco de luz que a cegara quando ela acordou. Então Wen notou a fumaça que vinha do fogão e dançava na luz. O fogão simples, feito com uma pedra grande em forma de barco, suspenso do chão por duas pequenas rochas, ficava no centro da tenda. A seu lado havia um par de foles e prateleiras com tigelas pintadas em cores brilhantes, pratos e jarras, juntamente com outros utensílios domésticos que Wen não conseguiu identificar. Num dos lados da tenda, descobriu o que parecia ser o altar da família. Acima de uma mesa arrumada com objetos religiosos tinham pendurado a imagem de um Buda tibetano de brocado colorido. À direita havia um grande objeto cilíndrico feito de bronze. Mais adiante, empilhavam-se feltros e tapetes, acolchoados e roupas. E, do outro lado do altar, sacos cheios de alguma coisa cujo cheiro se assemelhava ao de esterco animal, amontoados numa pilha alta. De ambos os lados da porta da tenda, havia diversas ferramentas domésticas e apetrechos para animais. Para passar pela porta, os adultos precisavam se abaixar.

Na sua cama arrumada no chão, Wen tentou tirar algumas conclusões sobre seus anfitriões, mas achou que os diversos ornamentos de ouro e de prata pendurados nas paredes da tenda, as ferramentas velhas, o grande número de tigelas e de jarras, e a quantidade limitada de roupas de cama não permitiriam que adivinhasse a situação financeira da família. Tudo era muito novo e estranho para ela, sem falar no cheiro peculiar de esterco, suor e couro animal.

De fora veio um som de passos, e, pela primeira vez na vida, Wen sentiu como era reconfortante estar com o ouvido na grama e escutar aquele som. Zhuoma entrou na tenda acompanhada por um grupo de pessoas de todos os tamanhos e idades. Wen sentiu a cabeça rodar quando olhou para aqueles rostos desconhecidos.

Zhuoma apresentou seus anfitriões: Gela, o chefe da família, a mulher, Saierbao, e o irmão dele, Ge'er. Tinham seis crianças, mas somente quatro estavam ali, porque dois dos meninos haviam entrado para um mosteiro. Para Wen, era impossível entender os seis nomes tibetanos. Pareciam-lhe ainda mais inescrutáveis do que os nomes latinos do dicionário médico, os quais nunca conseguira memorizar. Zhuoma explicou que cada um dos nomes continha uma sílaba do mantra sagrado que todo tibetano pronunciava centenas de vezes por dia: "Om mani padme hum". E sugeriu a Wen que chamasse cada criança apenas por essa sílaba: isso faria do filho mais velho "Om" e do segundo, que estava no mosteiro, "Ma". As duas filhas seriam "Ni" e "Pad". "Me" seria o outro filho que fora para o mosteiro, e "Hum", o filho mais novo. Wen pediu a Zhuoma que agradecesse à família por ela e, quando a tibetana traduziu sua gratidão, observou o sorriso recatado deles.

Nas semanas seguintes, Gela e sua amável mulher, Saierbao, cuidaram de Wen, dando a ela, todos os dias, chá com leite misturado com ervas medicinais. Zhuoma lhe disse que a família tinha adiado a mudança para os pastos de primavera até que ela estivesse recuperada para viajar.

As duas mulheres discutiram detalhadamente como proceder em sua busca. Zhuoma achava que deviam ficar com a família até chegar o verão, quando teriam aprendido o bastante para sobreviver ao ar livre e a família, que já teria aumentado suas provisões, poderia lhes ceder alguns mantimentos e dois cavalos. Wen ficou alarmada com a idéia de uma espera tão longa. O que poderia acontecer a Kejun nesse meio-tempo? Mas Zhuoma a tranqüilizou. A família planejava viajar para o norte em busca dos pastos de primavera. Talvez, disse ela, no caminho encontrassem outros nômades ou viajantes que tivessem notícias de Kejun e de Tiananmen.

Wen não teve escolha senão aceitar sua situação, embora os dias parecessem intermináveis para ela, que, de cama, não podia se juntar a Zhuoma para ajudar nas tarefas, e era isolada das conversas pela incapacidade de falar tibetano. Enquanto convalescia, observou a rotina da família. Ficou impressionada com a ordem rigorosa do seu dia-a-dia, o qual parecia seguir um padrão que havia gerações não se alterava. Cada um cuidava dos próprios afazeres quase sem se comunicar com os demais. Era como se cada um soubesse seu lugar e ocupasse os dias com o cumprimento das tarefas que lhe cabiam.

Gela e Ge'er, ajudados por Om, o filho mais velho, eram responsáveis pelos assuntos importantes a ser resolvidos fora da casa, como pastorear e abater seus rebanhos de iaques e ovelhas, curtir o couro e consertar as ferramentas e a tenda. Zhuoma disse a Wen que periodicamente eles partiam e deixavam a família, para negociar e comprar os utensílios domésticos de que precisavam. Saierbao e as duas filhas ordenhavam, faziam manteiga, preparavam as refeições, iam buscar água e faziam os bolos de esterco que lhes fornecia aquecimento, combustível para cozinhar e luz para a tenda. Também fiavam e teciam cordas.

Wen se encheu de admiração pelas habilidades que possibilitavam à família ser auto-suficiente, mas assustou-se com o fato de ainda ter que aprender tanto. Mesmo fazer as refeições com eles envolvia o aprendizado de toda uma série de regras novas. Além dos utensílios de cozinha, na tenda não havia garfos, colheres nem hashis. O único utensílio que usavam para comer era uma faca de dez centímetros que todos levavam pendurada na cintura. A primeira vez que Wen tentou usar uma delas, para cortar um pedaço de carneiro, quase feriu a mão. As crianças, que tinham se reunido à sua volta, curiosas como se observassem um animal brincar, ficaram boquiabertas.

Todo dia a família fazia as mesmas três refeições. De manhã, eles "lambiam *jiaka*". Aquecia-se no fogão uma pasta feita de farinha de cevada torrada e de coalhada, e com ela se enchia metade de uma tigela. Na outra metade, derramava-se chá com leite. Enquanto bebiam o chá, eles agitavam de leve suas tigelas para que este absorvesse a *jiaka*, que desaparecia gradualmente. Não havia necessidade de talheres. A primeira vez que tomou café-da-manhã, Wen bebeu o chá de uma só vez e depois perguntou a Zhuoma como se comia a *jiaka*. No entanto, logo que se acostumou, gostou da sensação de beber e comer ao mesmo tempo, e descobriu uma maneira de não queimar a boca. A refeição do meio-dia era "variada". Incluía *tsampa*, de cevada moída torrada e coalhada. Para fazê-lo, tinha-se que segurar a tigela com uma das mãos e, com a outra, enrolar os ingredientes em forma de bolinhas. "Em primeiro lugar friccionar, em segundo virar, e em terceiro agarrar", Wen repetia consigo mesma. A refeição era sempre muito generosa: além do *tsampa* e do chá com leite, havia carne-seca fervida com o osso, que a família cortava com suas facas. O pequeno Hum mostrou a Wen como separar a carne do osso com as mãos. Havia também deliciosos bolinhos fritos na manteiga. Wen constatou que aquela era uma refeição importante para todos: podia durar quase duas horas, e a família, normalmente calada, passava algum tempo discutindo os problemas que tinham surgido durante o dia. À noite, comiam outra vez carne e farinha de cevada, mas cozidas numa espécie de mingau, o que lembrou a Wen a sopa *hula* que tomara em Zhengzhou.

As refeições eram tão saudáveis e nutritivas que logo as rachaduras da pele de Wen se curaram e suas faces ficaram cada dia mais coradas. Ela já sentia o corpo mais forte e a pele mais resistente, como se esta tivesse se adaptado aos ventos cortantes, ao frio e à forte luz do sol. Os membros da família aparentemente aceitavam sua presença, mas jamais tentavam falar com ela. Falavam apenas com Zhuoma, por quem pareciam ter grande respeito. Depois, Zhuoma contava a Wen o que fora discutido. Excluída de todas as conversas, às vezes Wen se sentia como um dos animais da família: protegida, tratada com delicadeza, bem alimentada, mas posta à parte do mundo humano.

As práticas religiosas da família levavam-na a sentir-se ainda mais como uma estranha. Eles rezavam constantemente, murmurando o mantra "Om mani padme hum" mesmo durante o trabalho. Com freqüência reuniam-se para os rituais de orações, quando o pai Gela movia com uma corda o pesado cilindro de bronze acima do altar e dirigia o encantamento da família enquanto todos giravam pequenas rodas encaixadas em bastões. Zhuoma explicou a Wen que o cilindro grande e as pequenas rodas eram instrumentos de oração. Wen era extremamente dependente da tibetana, precisava que ela lhe explicasse tudo, e dava graças pela sorte de ter encontrado uma mulher tão corajosa e inteligente. Não fosse ela, jamais teria começado a compreender aquela família, que, com sua espiritualidade profunda e sua despreocupada auto-suficiência, era tão diferente dos chineses quanto o céu da terra.

Contudo, muitas vezes ainda ocorriam equívocos. Nos raros momentos em que ficava sozinha, Wen pegava a fotografia de Kejun e acariciava-lhe o rosto sorridente. Um dia, o pequeno Hum entrou na tenda e viu-a com a fotografia na mão. Olhou para a foto e saiu correndo e gritando, aterrorizado. Confusa, Wen foi procurar Zhuoma para perguntar por que o menino tinha se assustado. Zhuoma explicou que ele nunca vira uma fotografia e que ficara com medo do homem que "dormia" dentro daquela.

Finalmente, a família concluiu que Wen já estava bem para se mudar com eles. No dia da partida, ela acordou ao alvorecer e viu as sombras de Gela e Saierbao se movimentando na luz débil. Reparou que muitas das coisas da tenda tinham sido embrulhadas em rolos que seriam carregados pelos iaques. Como Wen ainda não aprendera a montar, o irmão de Gela, Ge'er, fez uma espécie de sela, usando alguns dos rolos de bagagem para modelá-la tal qual uma cadeira de encosto arredondado; assim, se ela adormecesse, não cairia do cavalo. E anunciou que controlaria suas rédeas.

Seguiram por uma trilha bastante acidentada. Tempestades forçaram-nos a parar e a se abrigar no meio do rebanho de iaques. À noite, eles dormiam ao ar livre, protegidos da neve e do vento por rochas da montanha. Não viram vivalma. Wen não podia imaginar quem eram os "bandidos" que o Exército Popular de Libertação caçava naquela área deserta.

Assim como a altitude, a cavalgada difícil e a comida estranha começaram a consumir as forças de Wen e a atormentar seu espírito, e ela caiu em depressão. Será que Kejun também sofria tanto? E como o encontraria um dia naquelas geleiras, sem falar aquela língua e sem ter habilidade para sobreviver, nem nenhum meio de transporte? Wen perdeu a noção de tempo. Os dias eram iguais, e ela não sabia se fazia dias ou semanas que viajavam.

Quando enfim chegaram ao seu destino, Zhuoma lhe disse que estavam perto das montanhas Bayan Har e que montariam o acampamento de primavera na pastagem verdejante próxima do rio Yalong. Durante meio dia, Gela e os filhos martelaram as estacas, armaram a tenda e prenderam as cordas. Logo em seguida, Saierbao e as filhas prontamente arrumaram os utensílios domésticos. Wen sentou-se ao lado da bagagem, tentando, desajeitada, ajudá-los em algumas tarefas leves. Quando estava prestes a passar uma roda de orações para Saierbao, Zhuoma a deteve, advertindo-a de que estranhos não podiam tocar nos objetos de veneração.

De acordo com seus costumes, depois de montar a casa, a família festejou comendo carne, *tsampa* e bolinhos fritos e bebendo vinho de cevada. Exatamente como fizera durante a viagem, Saierbao preparou um chá medicinal com leite para Wen. Após o banquete, Gela dirigiu um ritual de orações. Naquela noite, quando estavam todos deitados juntos no chão, Wen acomodada entre Zhuoma e Ni, uma das filhas, Zhuoma sussurrou-lhe que, em meio às orações para que os iaques e as ovelhas crescessem gordos e fortes, Gela havia rezado para que os espíritos protegessem Wen. Ela ficou profundamente comovida e, quando achou que ninguém estava ouvindo, recitou o mantra budista "Om mani padme hum".

No dia seguinte, ajudada por Saierbao, Wen vestiu roupas

tibetanas pela primeira vez. Eram as "vestes de solteira" de Saierbao e consistiam num conjunto de roupa de baixo branca de tecido grosseiro, blusa de mangas compridas, sem gola e abotoada de um lado, e calças ricamente enfeitadas, amarradas no tornozelo. Por cima, Wen vestiu uma túnica que ia até os pés, com um forro pesado; era azul, rosa e púrpura. Saierbao ensinou-lhe a enrolar a túnica na frente do corpo e em seguida prendê-la com um cinto largo de brocado. Depois amarrou um pedaço comprido de tecido listado multicolorido em sua cintura, como um avental. Wen ainda estava frágil, e Saierbao lhe deu um colete forrado de pele de ovelha e botas de feltro, para que suportasse os ventos frios da montanha. As botas eram grandes demais, mas Zhuoma disse que não tinha importância: no frio, poderiam colocar dentro delas uma camada de lã grossa de iaque.

Por fim, Saierbao amarrou um amuleto de jade na cintura de Wen e pôs um rosário de contas de madeira em seu pescoço. "Elas a protegerão", explicou Zhuoma. "Manterão distante o mal e afugentarão os fantasmas." Então sorriu e, em silêncio, colocou no pescoço de Wen um fio das suas próprias contas de cornalina.

Saierbao gesticulou a Wen para que sentasse, repartiu seus cabelos com um pente e fez uma trança de cada lado. A filha mais nova, Pad, que estava por ali, também com sinais lhe pediu que se olhasse numa tigela de água que deixara preparada. Wen mal pôde acreditar no que via: embora as tranças tivessem ficado muito curtas, porque seus cabelos iam só até os ombros, ela parecia uma tibetana. Em seguida, enfiou no bolso grande da túnica nova o precioso livro com a fotografia de Kejun e o grou de papel da irmã.

Poucos dias depois, Wen notou que alguém depositara um pacote no espaço onde ela dormia. Era sua farda, agora limpa e remendada. Ficou tão comovida que nem soube o que dizer. Segurou a roupa com as duas mãos, inalou o cheiro forte e penetrante que vinha do sol do planalto, e se curvou profundamente diante de Saierbao.

Zhuoma contou a Wen que, segundo os tibetanos, existiam só duas estações, o verão e o inverno, porque no Tibet a primavera e o outono eram breves demais. Mas aquela primavera foi muito longa na vida de Wen: ela passou várias noites sem dormir, com saudades de Kejun e revirando na mente seu futuro incerto. Não imaginava como iria sobreviver em condições tão duras ou aprender uma língua que lhe parecia totalmente impenetrável. Embora soubesse que havia mais famílias nômades na região, porque Zhuoma lhe dissera que Gela e Ge'er tinham encontrado outros pastores, as mulheres não viram ninguém. Ela passou a duvidar se Zhuoma estava certa em pensar que havia chance de conseguirem informações sobre Kejun e Tiananmen. Ambas, ela e Zhuoma, estavam tão absortas na luta para se adaptar à vida nômade, que cada uma permaneceu em seu mundo particular, e raras vezes discutiam o que fariam em seguida. Entretanto, apesar da sua solidão, Wen começou a sentir grande afeição pela família, especialmente por Saierbao.

O rosto da matriarca era tão marcado pelo tempo que se tornava difícil adivinhar a idade dela, mas Wen imaginava que Saierbao tivesse cerca de trinta anos. Ela era uma mulher extremamente calma e digna, que parecia gostar de executar todas as suas tarefas, por mais duras e exaustivas que fossem. Nunca gritava nem ralhava com ninguém. Não se irritava nem mesmo se alguém derramasse o *tsampa* que acabara de preparar ou seu chá com leite. O máximo que fazia era franzir os lábios e dar um breve sorriso, como se já soubesse que aquilo ia acontecer. Saierbao adorava jóias e se enfeitava com coisas preciosas, até nos dias comuns: com seus colares, braceletes e adornos de cintura, feitos de ágata, jade, ouro e prata, ela era como um sino de vento colorido. Wen raramente via Saierbao descansar: seu tilintar começava no momento em que os primeiros raios da luz do dia penetravam na tenda; à noite, quando ele silenciava, a família inteira sabia que era hora de dormir. Wen se imaginava como Saierbao, cumprindo as tarefas rotineiras com Kejun: gerando e criando filhos, homem e mulher trabalhando juntos em harmonia. Mas toda noite, assim que o último movimento do concerto diário de Saierbao chegava ao fim, Wen era assaltada pela saudade e solidão, e seu rosto se banhava em lágrimas.

Gela parecia mais velho que Saierbao. Era um homem de poucas palavras, mas o porta-voz da família. Segundo um dos populares mitos chineses sobre os habitantes do Tibet, os homens de lá eram altos e robustos, mas Gela não era muito mais alto que a mulher. Nem gordo nem magro, com um rosto que não expressava humildade nem arrogância, alegria nem raiva, inspirava confiança, mas não era um homem fácil de entender. Wen descobriu que até os animais reconheciam a dignidade e a autoridade de Gela: nenhuma ovelha se desgarrava, nenhum cavalo se recusava a permitir que se pegasse no seu casco quando ele estava por perto. Todos, homens e animais, recebiam ordens da linguagem corporal de Gela: ele era um patriarca-modelo.

Ge'er tinha quase a mesma idade do irmão mais velho, Gela. Os dois eram muito parecidos, Ge'er só era mais magro. Wen se perguntava se era mudo. Nunca falava, nem sequer quando brincava com Hum, o filho mais novo, de quem gostava muito. Zhuoma disse a Wen ter ouvido de Saierbao que Ge'er era o melhor artesão da família, e Wen com freqüência o via consertando as ferramentas com uma concentração extraordinária.

Uma madrugada, exatamente ao nascer do dia, Wen decidiu enfrentar o vendaval fora da tenda para ir urinar. Quando saía na ponta dos pés, ficou assombrada de ver Saierbao e Ge'er dormindo abraçados, debaixo do mesmo acolchoado. Incapaz de se mexer, continuou ali por algum tempo, observando-os.

Desde que passara a viver com a família de Gela, Wen devagar se acostumara a partilhar a mesma cama com todos eles, homens e mulheres. Não imaginava como era a vida sexual dos casais naquelas circunstâncias, mas sabia que muitos povos tinham vivido assim durante séculos. Nunca lhe ocorrera que a calma e digna Saierbao pudesse ter um caso com outro homem nas barbas do marido. Ela queria gritar para Saierbao que poder viver com o marido era a coisa mais preciosa e maravilhosa do mundo. Não fez isso, claro, mas também não conseguiu voltar a dormir.

No dia seguinte, Wen continuou perturbada com sua descoberta. Não sabendo como encarar Saierbao e Ge'er, procurou evitá-los. Todos notaram que havia alguma coisa errada com Wen, mas concluíram que ela devia estar com saudades de casa. Ni insistiu com Zhuoma para que tentasse convencê-la a lhe contar o que acontecera, mas Wen enrubesceu e ninguém entendeu o que disse. Zhuoma sabia que Wen costumava fitar o vazio durante o dia e que à noite chorava; assim, supôs que sua perturbação se devia às saudades de Kejun e ficou com medo de fazer perguntas inconvenientes.

Alguns dias depois, a sensação de constrangimento de Wen diminuiu um pouco. Quando via Saierbao e Ge'er juntos, ela percebia que ambos agiam como se não estivesse acontecendo nada. Queria muito descobrir se estavam apaixonados ou se o que sentiam era apenas atração física, mas ficou envergonhada da sua curiosidade. Contudo, deixara de considerar Saierbao um modelo de perfeição. Gela — um homem cuja mulher era roubada nas suas barbas — causava-lhe pena; Ge'er — um homem que vivia sob o mesmo teto que o irmão mas escarnecia das regras morais mais básicas — inspirava-lhe nojo.

Um dia, o quinto filho da família, Me, aproximou-se a cavalo do acampamento, na companhia de um grupo de lamas do seu mosteiro. Eles viajavam pelas montanhas para coletar pedras coloridas com as quais se fariam pigmentos para pinturas religiosas.

Nômades da vizinhança haviam dito a Me que sua família estava acampada nos arredores. Ao ver Saierbao e Ge'er, ele galopou na direção deles gritando "mamãe, papai". Como naquele dia Gela trabalhava longe da tenda, Wen achou que não tinha entendido as palavras de Me. Seu tibetano ainda era limitado. Mas Zhuoma, que acabara de pegar o batedor de manteiga das mãos de Saierbao, disse com um suspiro: "Me deve sentir falta dos pais. Todas as crianças que vão para os mosteiros ficam com saudades de casa".

"Pena que o pai dele não esteja aqui", acrescentou Wen, compadecida.

"Oh", disse Zhuoma, sorrindo, "isso não importa. Para as crianças do Tibet, qualquer um dos pais serve."

"O que você quer dizer com isso?", perguntou Wen, surpresa. "Você quer dizer que Gela... Ge'er... são..." Wen obrigou Zhuoma a parar de bater manteiga.

Zhuoma estranhou a confusão de Wen, até que de repente percebeu: "Você não sabia que ambos, Gela e Ge'er, são casados com Saierbao?".

Agora, Wen é que se espantou: "Saierbao tem dois maridos?".

"Sim, é assim no Tibet, uma mulher pode ter vários maridos. Você nunca me fez nenhuma pergunta sobre isso, e eu pensei que tivesse entendido pela maneira como as crianças os chamam."

Zhuoma passou o batedor de manteiga para Ni, que estava por perto, encantada de ouvir as duas conversando em chinês, e chamou Wen de lado.

"Eu entendo como é difícil. Viver aqui, para você, é igual foi viver em Pequim, para mim. Se eu não tivesse visitado a China, ainda ia achar que o mundo inteiro vivia num planalto montanhoso e nevado."

Agora que entendera o "adultério" de Saierbao, Wen estava envergonhada da sua própria ignorância e do seu julgamento injusto. Não contou a Zhuoma que o que vira poucas noites antes tinha sido a causa do seu desalento.

Wen ficou desapontada ao descobrir que Me e seus companheiros lamas não sabiam nada sobre o conflito entre chineses e tibetanos e que não tinham visto nenhum soldado chinês. Pouco antes de eles partirem, Wen perguntou a Zhuoma se daria para convencer Me a abrir mão de dois pedacinhos de pedra colorida. Naquela noite, ela usou uma das pedras para escrever uma carta para Kejun, na parte de trás da sua fotografia:

Adorado Kejun,
Você está bem? Eu só quero escrever duas palavras. Sinto muito. Sinto muito por você, porque até agora não o encontrei. Sinto muito por mim mesma, porque, sozinha, não posso procurá-lo pelo planalto. Sinto muito por Zhuoma e por essa família tibetana, porque jamais poderei retribuir o que fizeram por mim.

A cor da pedra era muito fraca, mas ela deixou uma marca tão funda que as palavras ficaram gravadas no rosto sorridente de Kejun. Wen lembrou-se do diário e da caneta que Wang Liang havia lhe dado em Zhengzhou, os quais agora estavam enterrados com sua mochila em algum lugar num desfiladeiro. "Escrever pode ser uma fonte de força", dissera Wang Liang. Ela sentiu que a curta mensagem para Kejun tinha renovado sua coragem para enfrentar as dificuldades que viriam.

A breve visita de Me à tenda levou Wen a refletir sobre a vida das crianças tibetanas. Devia ter sido muito difícil para ele sair de casa tão novo, pensou, e Saierbao devia sentir profundamente sua falta.

Zhuoma lhe disse que não ficasse preocupada.

"Os tibetanos não vêem problema em deixar que os filhos saiam de casa", afirmou. "O Tibet é como um enorme mosteiro. Todas as famílias com mais de dois filhos têm que mandar pelo menos um para o mosteiro, a fim de que se torne lama. Isso mostra sua devoção religiosa, mas também alivia as despesas, porque pressupõe que a criança receberá educação. Existe um ditado tibetano que diz: 'A manteiga do iaque é uma posse mais duradoura que um filho'. Isso porque um iaque pertence só à família, mas um filho pode ser levado para um mosteiro."

Wen ficou imaginando se, afinal, as crianças tibetanas tinham direito a algum tipo de infância. Reparou que, tirando-se as roupas e os chapéus, quase nenhum dos itens que havia na casa de Gela era feito especialmente para crianças. Pediu a Zhuoma que perguntasse a Ni como tinha sido sua vida quando ela era menor. Chegara a ter brinquedos?

"Sim", respondeu Ni. Seu pai Gela havia feito muitos brinquedos para ela, de capim e de rabo seco de bode, mas, sempre que eles se mudavam, tinham que abandoná-los. Ele também fizera animais de madeira para lhes dar nos aniversários.

O filho mais velho, Om, já não era criança. Devia ter cerca de dezoito anos e passava o dia trabalhando em silêncio com Gela e Ge'er. Não sabia ler, mas cantava bem e tocava lindamente o alaúde tibetano. Todo fim de tarde, na hora em que a família lidava com seus assuntos pessoais, como catar piolhos nas roupas e nos cabelos, lavar-se ou arrumar a cama para dormir, Wen ouvia-o cantar fora da tenda. Nunca entendeu o que cantava, mas percebia um sentimento efusivo de um homem por uma mulher. O canto de Om sempre trazia saudades de Kejun, como se as ondas da música pudessem tirá-lo do seu esconderijo. Wen se admirava de que um rapaz de dezoito anos, criado naquele isolamento, pudesse compor melodias tão harmoniosas.

A filha mais velha, Ni, a mais animada da família, acabara de entrar na puberdade. Era como um sininho feliz, capaz de levar os pais, habitualmente taciturnos, a ter ataques de riso. Mas, à noite, sempre chorava em segredo. No começo, Wen achou que Ni tinha pesadelos. Porém, quando tentou despertá-la, descobriu que estava acordada. Não entendia como a menina que dormia a seu lado podia ser uma durante o dia e outra durante a noite. Distinguia uma espécie de desespero nos olhos lacrimejantes de Ni, mas evitava pensar sobre isso. Ela própria tentava controlar seu desespero e se recusava a sucumbir a ele, mesmo quando, nos piores sonhos, via um Kejun encharcado de sangue. Perguntava-se o que havia roubado a esperança daquela menina encantadora como uma flor.

A irmã mais nova de Ni, Pad, era quieta demais. Ainda assim, sempre estava por perto para ajudar, e invariavelmente entregava à mãe e à irmã exatamente o que procuravam. Se depois da refeição noturna Pad colocasse os pertences da família na entrada da tenda para mantê-la protegida contra as correntes de ar, Saierbao dava um cobertor extra para cada um, e mais tarde Wen ouvia o vento rugindo lá fora. Espantada com a intuição de Pad, às vezes Wen se sentia tentada a perguntar a Zhuoma se a menina não teria idéia do paradeiro de Kejun. Mas tinha muito medo do que viesse a ser revelado. Não podia se arriscar a uma previsão que aniquilaria suas esperanças.

O pequeno Hum devia ter oito ou nove anos. Adorava ficar com os outros e estava sempre querendo aprender alguma coisa. Wen costumava observá-lo quando Om o ensinava a tocar alaúde. Para mostrar-lhe como tanger as cordas, ele unia os dedos do irmãozinho aos seus enquanto tocava. Hum gostava também de tirar o batedor de manteiga das mãos da mãe, e Saierbao não tinha escolha senão colocar uma pilha de sacos de esterco debaixo dos pés dele para que o menino pudesse ver como se misturava o leite. Quando seu pai tentava reunir um rebanho, ele se metia no meio dos animais e imitava o modo como o pai jogava o laço e gritava com eles. Zhuoma disse a Wen que Hum estava ansioso para entrar num mosteiro, como seus dois irmãos. Wen não entendia como um garotinho que nunca saíra de casa e não alcançara um metro e trinta de altura podia estar tão animado para se tornar lama. Reparou que Hum rezava com uma devoção que não se esperaria de um menino da sua idade. E compreendeu que, com uma fé tão profunda, ele devia realmente ter vocação espiritual.

Todo dia Wen descobria coisas surpreendentes sobre a maneira tibetana de viver, e não deixava de se espantar com as diferenças entre os costumes chineses e os tibetanos. Um dia ficou sabendo que Gela e Ge'er é que costuravam todas as roupas da família, e não Saierbao. A primeira vez que viu Ge'er costurando uma veste, ela mal pôde acreditar.

"Zhuoma", gritou, "venha cá! O que Ge'er está fazendo?"

Saierbao, que estava ao lado de Wen, não entendeu sua reação. Que havia de tão surpreendente no fato de homens costurarem? Zhuoma disse a ela que, na China, os homens dificilmente tocariam numa agulha, que costurar e remendar era tarefa para mulheres.

Ni riu ao ouvir aquilo: "Mulheres, costurando?", disse ela à mãe. "Ora."

Saierbao balançou a cabeça, compartilhando com a filha a descrença naquela idéia absurda.

Assim, os dedos grosseiros dos homens é que eram responsáveis por todas as roupas de vestir e de cama, e até Om sabia costurar de modo bastante satisfatório. Ge'er era particularmente habilidoso com a agulha, e Wen descobriu que ele tinha feito quase todas as vestes da família para cerimônias.

Zhuoma explicou que as roupas dos povos mais antigos do Tibet eram feitas de couro e de pele animal, que precisavam ser costurados com linha bem grossa. Somente os homens tinham força para trabalhar com agulhas que pareciam bastonetes de ferro e com linhas grossas como cordas. E a tradição permanecera, ainda que agora as mulheres conseguissem costurar.

Wen estava ansiosa para retribuir a hospitalidade da família ajudando no trabalho diário. Contudo, descobriu rapidamente que as tarefas não eram nada fáceis, embora Saierbao as executasse com domínio absoluto e cantarolando.

Primeiro ela descobriu ser impossível ordenhar os iaques. Era um trabalho que exigia muita habilidade. Exausta e suando, Wen não conseguiu tirar leite nenhum; só ouviu reclamações. Até Pad, que lhe deu um pano para enxugar-se, não pôde evitar uma risadinha.

Fazer bolos de esterco parecia mais fácil, mas logo Wen descobriu que isso era ilusão. O esterco tinha que ser colhido antes de secar. Ela deveria recolhê-lo com uma pá especial, curva, e jogar o material numa cesta que levava nas costas. Em seguida, o esterco tinha que ser amassado em forma de bolos e, depois de secar ao sol, era guardado em sacos que se empilhavam ordenadamente na tenda. Em geral, Wen acabava jogando o esterco fresco todo em cima dela, em vez de jogá-lo na cesta. E se lamentava com Zhuoma de sua péssima pontaria.

Entre todas as tarefas, buscar água era a que exigia menos habilidade, porque se tratava de um trabalho meramente físico. Mas demandava muita força. Wen mal agüentava o peso da vasilha, e seguia cambaleando. Em geral, antes de chegar à metade do caminho de volta para a tenda, perdia a maior parte da água que carregava.

Bater manteiga foi o que Wen mais quis aprender a fazer. Saierbao contou que sua mãe costumava dizer que essa era a tarefa mais exaustiva para a mulher — mas também uma das habilidades pela qual ela era mais respeitada, porque a manteiga e o iogurte e a coalhada feitos com as sobras eram ingredientes essenciais nas três refeições diárias. Bater manteiga envolvia mexer o leite centenas de vezes numa bacia de madeira, com um bastão também de madeira, até separar a gordura a ser transvasada para fazer a manteiga. Outro processo envolvia separar a coalhada e o soro. Usava-se a coalhada seca para preparar bolos com *tsampa* e, freqüentemente, como oferenda.

O equipamento e os métodos empregados para fazer manteiga lembraram a Wen as experiências químicas da universidade. No entanto, depois de passar metade da manhã ajudando Saierbao, ela mal conseguia erguer os braços, e à noite suas mãos estavam fracas demais até para levar a comida à boca.

Wen lembrou que sua mãe dizia que uma jovem chinesa educada devia ter formação completa em seis coisas: música, xadrez, caligrafia, pintura, costura e culinária. Uma mulher do Tibet era valorizada por um conjunto muito distinto de talentos. Wen corou ao pensar na sua incompetência. Nem mesmo sua formação médica era de alguma utilidade ali. A família fazia seus próprios remédios de ervas, bem diferentes daqueles da medicina chinesa. Zhuoma lhe mostrou o misterioso fungo de lagarta e o açafrão, de grande valor medicinal. Agora ela compreendia por que Kejun tivera que aprender a usar ervas tibetanas.

Zhuoma também sofria com o trabalho. Embora entendesse melhor o que se esperava dela, não estava acostumada a nenhum tipo de esforço físico e se cansava facilmente. Gela foi generoso com as duas mulheres e lhes disse que não exigissem demais de si. As quatro estações permitiam que as pessoas mudassem suas casas de lugar e que iaques e ovelhas cruzassem e entrassem na muda. Elas deviam viver com calma, um dia de cada vez.

Um dia, Ni correu para contar à mãe que Om dissera que a relva estava crescendo. Saierbao apertou os olhos e fungou, como se quisesse reter o cheiro do verão. Disse a Zhuoma que em breve Gela ordenaria a mudança para os pastos de verão nas encostas mais altas. Viajariam novamente para o norte. Wen ficou pasma com o conhecimento que a família demonstrava ter da paisagem. O conceito de mapa era completamente estranho a todos. Mudavam-se por instinto, obedecendo à sabedoria de tempos antigos: "Na primavera ir para um pasto perto da água, no verão para as montanhas; no outono ir para as encostas altas, no inverno para as planícies". Ela percebeu que, ainda que existisse um mapa daquele terreno desconhecido, não seria capaz de usá-lo. Não tinha a mínima idéia de onde estava, e todas as montanhas e planícies pareciam iguais.

Todos se animaram com a idéia da mudança do verão. Os dias ficavam mais quentes e mais longos, o sol, mais forte, e, na refeição do meio-dia, eles deixavam abertas suas jaquetas de pele. Wen, que então já cavalgava tranqüilamente, experimentou uma nova sensação de autoconfiança. Tinha certeza de que o rumo que seguiam a levaria até Kejun, e o imaginava usando vestes tibetanas como ela, lutando para sobreviver e achar o caminho de volta para casa. Fantasiou um encontro dos dois a cavalo, no meio de um rebanho de ovelhas, e o prazer de beber chá com leite numa tenda na companhia de Kejun. Sua felicidade surpreendeu Zhuoma.

A longa jornada os conduziu, através das montanhas Bayan Har, aos contrafortes do norte, onde montaram acampamento nas encostas verdes e luxuriantes. Mais para o norte ainda, Wen viu o pico nevado de uma montanha imensamente alta. Por intermédio de Zhuoma, Gela explicou que era a Anyemaqen, montanha santa e a mais importante das treze montanhas sagradas da nascente do rio Amarelo. Anyemaqen era o deus que zelava por aquela região, onde vários lagos se enfiavam pelo rio Amarelo como pérolas num fio. Em tempos remotos, a tribo Tupo chamou a área de Cem Lagos, denominação que os nômades usam até hoje.

"Este é o lugar onde Wencheng, a princesa chinesa da dinastia Tang do século VII, casou-se com o rei tibetano Songtsen Gampo", acrescentou Zhuoma. "Todos os tibetanos conhecem a história da aliança entre a China e o Tibet. Wencheng introduziu ervas no Tibet e nos mostrou como plantar cevada. O rei e sua noiva passaram a lua-de-mel na nascente do rio Amarelo, antes de partirem na árdua jornada para a capital, Lhasa, ao sul. Ali, Songtsen construiu o palácio Potala para sua rainha. Em Qinghai ergueu-se um templo para comemorar a chegada da princesa Wencheng ao Tibet."

"Se eu encontrar Kejun, nós visitaremos aquele templo juntos", disse Wen consigo mesma.

Durante todo o tempo que Zhuoma e Wen haviam passado com a família, os homens jamais se ausentaram da tenda por mais de um dia; por isso, Wen ficou surpresa quando viu Gela e Ge'er se preparando para uma longa jornada. Levavam iaques e ovelhas, bem como duas echarpes *kata* brancas do estoque que a família mantinha para as oferendas. Wen perguntou a Zhuoma para onde eles iam.

"Vão visitar um entalhador de pedras *mani*, que vai gravar o mantra *mani* numa pedra para que eles fiquem protegidos do mal e prosperem", respondeu Zhuoma. "Já reparou que passamos com freqüência por penedos com palavras e figuras gravadas?"

De fato, as inscrições que Wen vira nas rochas e as pilhas de pedras menores entalhadas que havia em toda parte deixaram-na perplexa. Entretanto, ela levara a sério o tabu tibetano de não fazer perguntas sobre religião e nunca ousara tocar no assunto. Quanto mais tempo passava com a família de Gela, mais se comovia com a espiritualidade deles; assim, ficou muito satisfeita quando Zhuoma sugeriu lhe contar mais sobre as pedras *mani*, enquanto caminhavam para buscar água.

Desde a primeira longa conversa na cabine do caminhão do exército, Zhuoma e Wen evitavam falar muito sobre política e religião, como se temessem estragar a amizade que florescia entre elas. Mas agora Zhuoma parecia ansiosa para lhe explicar a religião do Tibet, como se nos últimos dias tivesse renovado sua confiança em Wen.

"Existem alguns homens", disse, "que recebem um forte apelo espiritual para ir viver nas montanhas sagradas e passar os dias selecionando rochas ou superfícies de rochas onde gravar o mantra *mani*. Geralmente, quando numa família ocorre um casamento ou um funeral, ou um ser humano ou um animal adoece, ou surge um problema qualquer, seu chefe vai para a montanha fazer oferendas e pedir compaixão. Oferecem iaques, ovelhas e outros bens ao entalhador de pedras, que então escolhe uma rocha para eles na montanha e nela grava as seis sílabas do grande mantra. Esses entalhes são feitos com muitos tipos diferentes de caligrafia e podem ser pintados com uma profusão de cores. Em algumas pedras *mani* são cinzelados parágrafos inteiros das escrituras budistas, enquanto noutras são entalhadas imagens de Buda.

"As pessoas não levam com elas as pedras *mani*. Elas são simplesmente um símbolo da sua fé e lhes trazem conforto espiritual. É por isso que você vê grandes pilhas de pedras *mani* entre as rochas das montanhas por onde passamos."

Wen ouviu atentamente a explicação de Zhuoma.

"Cada vez mais eu sinto como, aqui, tudo é animado pela fé", disse. "No Tibet as pessoas se entregam inteiramente nas mãos do céu e da natureza. Até as montanhas, a água e as plantas falam de fé."

"É verdade", disse Zhuoma. "Embora aqui no norte a vida seja muito diferente da vida nas terras da minha família, onde há estradas, agricultura e mais gente, todos nós, tibetanos, temos a mesma espiritualidade. Como vivemos isolados do mundo exterior, acreditamos que aqui todas as coisas entre o céu e a terra são como deveriam ser. Acreditamos que nossos próprios deuses são os únicos deuses e que nossos ancestrais são a fonte de toda a vida no mundo. Não acompanhamos a marcha do tempo. Quando nossos fazendeiros espalham suas sementes, simplesmente entregam o destino das colheitas aos céus. Não existem técnicas modernas de agricultura. Os fazendeiros se comportam como seus ancestrais há centenas ou até milhares de anos, e os nômades também. Ambos os grupos têm uma vida muito difícil. São obrigados a doar grande parte das colheitas e dos animais como oferendas aos mosteiros. Esse é um fardo muito pesado para quem possui tão pouco, mas as pessoas precisam honrar os lamas que as protegem.

"Elas acreditam que o dalai-lama do sul e o panchen-lama do norte do Tibet são os mais importantes representantes dos espíritos. Quando eles morrem, uma nova reencarnação é buscada por meio de orações e ritos especiais: por exemplo, echarpes *kata*, garrafas e poções preciosas são jogadas num lago previamente escolhido; depois, a superfície da água revelará o mapa do local de nascimento da reencarnação. Uma vez selecionados, os novos dalai-lamas e panchen-lamas viverão o resto da vida em magníficos palácios."

"É tão diferente da China", disse Wen. "Para nós, a religião não é uma força determinante. Nós obedecemos somente a governantes leigos."

"Mas quem controla e protege seus governantes?", perguntou Zhuoma, perplexa.

"A consciência", respondeu Wen.

"E que tipo de coisa é a 'consciência'?"

"A consciência não é uma coisa. É um código moral."
"E o que é um 'código moral'?"
Wen refletiu. De repente percebeu que era muito difícil responder a essa questão. Pensou em Kejun, um homem que tinha que achar uma resposta para todas as questões, e depois uma réplica para todas as respostas. Talvez o Tibet o tivesse mudado também. Nessa altura as duas mulheres tinham chegado à beira do lago, onde depositaram as vasilhas.
Wen se virou para Zhuoma. "Não consigo esquecer meu Kejun", disse.
Zhuoma balançou a cabeça. "Também tenho pensado muito em Tiananmen. Reparei que as provisões da família aumentaram. Agora que o verão chegou, talvez possamos pedir a Gela comida e cavalos. Vou tentar falar com ele."

5. Perdida em Qinghai

Quando Zhuoma e Wen voltaram do lago, encontraram dois homens na tenda, ambos carregando espingardas com baionetas. Wen presumiu que fossem parentes de Gela ou, talvez, conhecidos de Zhuoma, porque ela logo se pôs a conversar com eles. Os homens foram recebidos com simpatia por toda a família, que cozinhou um grande pedaço de carneiro em sua honra, e o aroma da carne assada e do vinho de cevada inundou a tenda.

Depois que eles partiram, Zhuoma disse a Wen que eram viajantes em busca de ervas medicinais. Nem ela nem Gela os conheciam, mas no Tibet se acolhiam com entusiasmo todos os viajantes, porque eles eram os portadores das notícias. A tradição mandava tratá-los com muito respeito e oferecer-lhes a melhor comida. Os homens cuidavam dos seus cavalos, enquanto as mulheres preparavam água e provisões para a jornada. Infelizmente, aqueles homens não puderam fornecer muitas informações que fossem úteis para Gela ou para Zhuoma e Wen.

Na manhã seguinte, bem cedo, quando os primeiros raios de sol se espalhavam sobre a pastagem, todos se puseram a cumprir suas tarefas, como de hábito. Os homens começaram a pastorear as ovelhas e os iaques na direção das encostas de uma montanha ao sul. Essa era a única hora do dia em que os três levantavam a voz. Havia um subtom de excitação nos seus chamados vigorosos quando conduziam os animais, e o som da voz deles se misturava com os mugidos e os balidos dos bichos. Zhuoma foi para o lago com Ni e Hum tagarelando e rindo atrás dela, como se os odres vazios que levavam nas costas estivessem cheios de felicidade. Saierbao, Pad e Wen puseram-se a bater manteiga, tarefa que Wen agora cumpria com habilidade. Ela estava cheia de esperança e muito confiante.

Zhuoma planejava oferecer a Gela algumas das suas jóias em troca de dois cavalos, e Wen, embora não tivesse nada para dar, tinha decidido que deixaria para eles seu livro com os ensaios de Liang Shiqiu. Já fazia algum tempo que, entre a refeição noturna e as orações, as crianças lhe pediam que lesse em voz alta uma passagem do livro, a qual Zhuoma tentava traduzir. Era difícil para ela entender a escrita filosófica de Liang Shiqiu, mas ajudava a melhorar seu chinês. Todo dia ela e as crianças aprendiam algo novo.

 De repente, Wen viu Pad parada na porta da tenda, em transe, olhando fixamente ao longe. E ela continuou assim, sem se mexer, mesmo quando Saierbao a chamou para ir ajudar com a manteiga. Depois — o que foi ainda mais estranho —, deu duas voltas em torno da tenda. Embora o comportamento da filha parecesse não perturbar Saierbao, Wen ficou perplexa. Caminhou até a porta e avistou, à distância, Ni e Hum correndo na sua direção. Não havia sinal de Zhuoma.

 Quando as crianças finalmente chegaram, estavam em lágrimas. Saierbao empalideceu ao ouvir o que contavam, e depois saiu correndo e gritou para as figuras distantes de Gela, Ge'er e Om. Wen esperou ansiosa que os três homens voltassem à tenda, para descobrir o que acontecera. Tudo o que pôde entender do balbucio das crianças foi que repetiram várias vezes a palavra *Zhuoma*.

Depois do que pareceu um tempo enorme, os homens entraram na tenda e ouviram as crianças. Wen implorou com gestos para lhe explicarem o que diziam. Foi Ge'er que, como sempre, compreendeu-a. Ele pegou uma prancha que usavam para trabalhar as peles de ovelha, jogou farinha de cevada por cima e desenhou algumas figuras com o dedo. Apesar de grosseiro, o desenho foi bastante esclarecedor. Um grupo de homens a cavalo levara Zhuoma embora depois de cobrir sua cabeça com um saco. Quando se recuperou do choque inicial, Wen perguntou a Ni, com dificuldade, se vira mais alguma coisa. A menina arregaçou a manga da sua veste para mostrar vários arranhões grandes no ombro direito. Hum pegou a mão de Wen e a colocou na sua cabeça, onde dava para sentir um alto calombo. Ela entendeu que eles se machucaram lutando com quem havia seqüestrado Zhuoma. Wen não tinha idéia de quem poderia querer levá-la. Era inacreditável. A não ser que se tratasse de inimigos desconhecidos de Zhuoma ou de soldados chineses.

Durante o resto do dia, Wen fez muitas perguntas a Ni e a Hum, utilizando-se de gestos, figuras e objetos, numa tentativa de descobrir mais detalhes sobre o que acontecera. Pelo que pôde entender, quando Zhuoma e as crianças voltavam para casa com a água, um grupo de homens cavalgou até eles, laçou Zhuoma como se faz com os cavalos e a enrolou num saco grande de pano, do tipo usado para carregar oferendas. As crianças entenderam o que os homens diziam, portanto deviam ser tibetanos. Dois deles, ao que parecia, eram os homens que os visitaram na tenda no dia anterior. Ni disse a Wen que Zhuoma continuou a lutar, mesmo depois de ter sido jogada em cima do cavalo de um deles. Wen lembrou o comportamento estranho de Pad na manhã do seqüestro — será que a menina tinha visto ou pressentido algo estranho? — e tentou lhe perguntar se sabia onde Zhuoma estava naquele momento.

Mas Pad simplesmente balançou a cabeça e apontou para a própria boca, sem falar. Wen não entendeu o que ela quis dizer.

Nos dias que se seguiram, Gela e Ge'er passaram horas percorrendo os arredores a cavalo, à procura de um sinal de Zhuoma e dos seus seqüestradores, mas eles haviam se evaporado no ar rarefeito. À noite os homens voltavam, desconsolados. Quando olhavam nos olhos de Wen, ela compreendia que não tinham esperança de encontrar Zhuoma e que sentiam pena de Wen, pois agora estava completamente sozinha e impossibilitada de se comunicar.

Quando o verão dava lugar ao outono, Wen entrou no período mais sombrio da sua vida. À noite, chorava pela mulher que dormia no espaço agora vazio ao lado dela, e lembrava sua coragem e inteligência. Durante o dia, lutava para se sair bem sem Zhuoma como intérprete. As frases soltas em tibetano que ela lhe ensinara — alguns verbos e palavras como *sim* e *não* — permitiam que fizesse suas tarefas diárias, mas, fora dessa rotina, Wen ficou confinada a um mundo de silêncio. E, o que era pior, quase não tinha esperança de aprender mais tibetano. Os familiares de Gela viviam numa espécie de entendimento tácito. Era raro ouvi-los conversando, mesmo quando tinham tempo para isso. Sem saber a língua, como poderia convencê-los a ajudá-la a deixar a casa deles e arriscar a vida sozinha no planalto? Afora o fato de que ela guardava a fotografia de Kejun, a família nada sabia sobre ele. Zhuoma a aconselhara a não lhes contar que o exército chinês estava no Tibet. Não entenderiam o motivo e se assustariam.

Será que algum dia ela seria capaz de dizer-lhes o quanto amava seu marido, que estava preparada para passar pelo que quer que fosse para encontrá-lo?

Wen foi consumida pela dor e pelo desapontamento. Era como se tivesse sido arrastada para perto do marido apenas para vê-lo desaparecer novamente. Caíra numa armadilha e não sabia como sair dela.

Depois do desaparecimento de Zhuoma, a família tornou-se muito mais temerosa. O sorriso alegre de Ni se desvaneceu, e o geralmente irrequieto Hum agora permanecia em silêncio ao lado da mãe, em vez de saltitar e brincar em volta da tenda. Quando chegou a hora de se mudar para a pastagem seguinte, Gela pareceu escolher um lugar ainda mais remoto para se instalar. E, se viam uma forma humana à distância, ele fazia sinal para que a família ficasse fora da vista. Uma ou duas vezes, chegou a esconder Wen no meio das ovelhas para que viajantes que passavam por ali não a vissem, provavelmente temendo que a levassem também. Era como se eles estivessem abandonando o mundo dos homens.

Wen começou a escrever um diário. Todo dia, com uma das suas pedras coloridas, escrevia algumas linhas numa das páginas dos *Ensaios reunidos de Liang Shiqiu*.

As pedras deixavam apenas uma leve marca. Wen tinha que condensar a escrita e se expressar de maneira limitada para economizar papel. Mesmo assim, o diário era o único meio de registrar seus pensamentos e manter a habilidade de escrever em chinês. Ele renovou sua força e determinação de viver.

Uma manhã, quando ajudava Saierbao na ordenha, Ni desmaiou. Saierbao gritou pelos maridos, e Gela carregou a menina até a tenda. Visivelmente perturbado, Gela disse algo a Ge'er, que no mesmo instante foi selar seu cavalo. Também murmurou algumas palavras para a mulher, que se dirigiu ao fogão e pôs água para ferver. Wen tentou dizer a Saierbao que era *menba*, que talvez pudesse ajudá-los, mas a tibetana olhou impassível para ela e continuou a fazer o que estava fazendo. De repente, Hum deu um grito e apontou para a parte inferior do corpo de Ni. Todos os olhos seguiram seu dedo indicador: havia sangue na veste da menina. Gela disse a Pad que tirasse Hum da tenda e gesticulou a Wen para que a ajudasse a abrir as roupas de Ni. Nas roupas de baixo, descobriram várias manchas de sangue.

Agora Wen entendia por que Ni chorava toda noite: devia fazer bastante tempo que sangrava daquele jeito. Lembrou que Zhuoma lhe dissera que as mulheres tibetanas eram muito hábeis para lavar roupa e que se esforçavam o quanto podiam para evitar as manchas do sangue da menstruação, porque carregar água era cansativo demais. Portanto, o sangramento de Ni não podia ser simplesmente menstruação.

Tentando controlar as lágrimas, Saierbao disse a Wen, por meio de gestos, que todos tinham conhecimento daquele problema havia muito tempo mas não sabiam o que fazer.

Gela encharcou um pedaço de feltro na água quente, torceu bem, umedeceu com um pouco de vinho de cevada, torceu novamente e se dirigiu à estátua de Buda para rezar. Em seguida amarrou o pedaço de feltro em torno dos pés de Ni e umedeceu-lhe a testa com vinho de cevada. Os lábios da menina moveram-se levemente, e seus olhos se entreabriram. Ela olhou para a mãe, que girava sua roda de orações e rezava em frente ao altar. Gela chamou Saierbao e pôs nas mãos dela a mão da filha. Ni sorriu debilmente e depois fechou os olhos.

Wen se aproximou e tomou seu pulso. Estava terrivelmente fraco, e ela continuava a perder sangue. Mas, sem seus instrumentos e sem remédios, não podia fazer nada para ajudá-la. Ficou arrasada de culpa e frustração.

Ao longo do dia, a família inteira se manteve em vigília silenciosa ao lado de Ni, até Hum — tão faminto que chupava os dedos — ficou totalmente quieto. Saierbao e Gela se ajoelharam juntos em frente do Buda e não pararam de girar a roda de orações enquanto rezavam.

No fim da tarde, um som de galope anunciou o retorno de Ge'er. Nas mãos ele trazia um saco que os três adultos abriram rapidamente. Misturaram com água o pó que havia ali e deram para Ni comer. Wen observou fascinada, mas não tinha idéia do que era aquilo. Dez minutos depois, ela viu as faces de Ni readquirirem alguma cor.

Ninguém dormiu naquela noite. Gela gesticulou à exausta Wen para que descansasse. Ela se deitou e, até o dia nascer, ouviu as rodas de orações girando.

Eles não conseguiram salvar a encantadora e alegre Ni. Seu espírito tinha ido para muito longe. Um dia depois de desmaiar, a menina, que não devia ter mais que catorze anos, perdeu a vida.

A dor tomou conta de Wen. Ela sentia pela família, mas também por si mesma. Havia passado mais tempo com Ni do que com os outros membros da família de Gela, e fora ela quem mais alegria lhe dera. Agora tinha perdido Ni e Zhuoma, uma após a outra. Seu futuro se estendia diante dela num abismo sem esperança.

Wen receava que a família desse a Ni um enterro celestial. Zhuoma descrevera como o cadáver do seu pai tinha sido cortado em pedaços e deixado num altar da montanha para ser comido pelos abutres. Reagira à repugnância de Wen dizendo que o enterro celestial era apenas mais uma manifestação da harmonia entre o céu e a terra, entre a natureza e o homem, no Tibet: não havia motivo para sentir repugnância. Mas, embora se lembrasse das palavras de Zhuoma, Wen achou que não suportaria ver o corpo de Ni servir de alimento aos abutres. E ela foi poupada: a família levou o corpo para o lago, para um enterro aquático.

* * *

O outono virou inverno, o inverno virou primavera. Wen descobriu que já não acompanhava a seqüência dos anos que passavam. Simplesmente seguia a família quando eles se mudavam em busca de pastagens frescas e de abrigo contra as forças da natureza. Para ela, todas as montanhas, todas as campinas pareciam iguais; para eles havia distinções sutis. Sempre que podia, escrevia no seu livro — cartas para Kejun, as quais esperava entregar-lhe um dia, e detalhes da sua vida diária. As palavras se amontoavam. Depois que preencheu as páginas em branco do livro de ensaios, ela começou a escrever entre as linhas do texto. Depois que esses espaços foram preenchidos, passou a escrever em cima do seu próprio texto, agora esmaecido. O único espaço em que jamais escreveu foi na contracapa. Reservou-o para Kejun: quando Wen o encontrasse, ele escreveria um epílogo para o diário. Nas páginas transbordavam a solidão de Wen, seu amor, sua vontade de sobreviver.

O livro foi ficando cada vez mais grosso.

A fotografia de Kejun amarelou. Seu rosto parecia cansado e enrugado.

Como não havia chance de escapar, Wen parou de pensar nessa possibilidade. Seu corpo e sua mente se adaptaram à maneira tibetana de fazer as coisas. Ela deixou de se preocupar com as próprias necessidades e desejos e, quando a família rezava, juntava-se a eles, girando sua roda de orações. No final, repetia as palavras de Wang Liang: "Simplesmente continuar vivendo é uma vitória".

Além da família, o contato mais próximo que Wen teve com o mundo foi o festival de Weisang. No outono, um número imenso de homens de todas as regiões se reuniam para fazer oferendas aos ancestrais. Como a participação de mulheres não era permitida,

Wen, Saierbao e Pad ficariam ao lado de Hum numa colina, observando as centenas de cavaleiros que, carregando brilhantes bandeiras coloridas, movimentavam-se em formações rituais em volta do altar de sacrifícios. Gela traria para Saierbao jóias que se juntariam aos muitos adornos que ela usava. No começo Wen não entendia como aquela família pobre, em vez de comprar animais, gastava todo o seu dinheiro em luxo. Com o passar do tempo, compreendeu que aqueles adornos não eram considerados riqueza material: tratava-se, na verdade, de objetos religiosos.

Gela, Ge'er e Om não podiam comparecer todo ano ao Weisang, mas iam ao festival sempre que podiam. A primeira vez que Wen os viu preparando os cavalos, assustou-se. O tamanho da carga indicava que ficariam fora durante algum tempo, e ela não entendia por que deixariam sozinhas as mulheres e as crianças. Foi Pad quem tentou explicar. Ela imitou o pai e desenhou para Wen, na farinha de cevada, três sóis decorados com utensílios para o café-da-manhã, o almoço e o jantar. Sob o sol do meio-dia, desenhou três homens. Com isso, Wen entendeu que os homens chegariam ao seu destino ao meio-dia e não iriam muito longe. Mas ainda estava bastante confusa.

Dois dias depois, Saierbao disse às crianças que pusessem suas roupas de festa e achou uma faixa colorida de seda para amarrar na cintura de Wen. Eles prenderam os animais com cordas de pêlo de iaque, fecharam bem a porta e partiram em seus cavalos. Enquanto se preparavam para a jornada, Saierbao deu algumas instruções aos filhos, que a seguiram calados. Agora, o jeito silencioso de eles fazerem as coisas já não perturbava tanto Wen.

Após uma cavalgada de três horas, pararam para comer. De repente Hum apontou para a distância, rindo e gritando. Bem ao longe havia um mar de gente e de bandeiras. Estas se agitavam na brisa, do mesmo modo que os estandartes fincados no chão, e o lugar inteiro estava animado de cores e de movimento. A fumaça e o cheiro de lenha queimando exalados pelo fogo sagrado envolviam a cena numa névoa bruxuleante. Wen achou que tinha sido transportada para outro mundo. Depois de tantos meses de solidão e isolamento, a multidão, as cores e o barulho pareciam uma visão.

À medida que os anos passaram, Wen se acostumou àquelas extraordinárias manifestações de fé. Acostumou-se também à falta de notícias do mundo exterior. A única mudança na sua vida foi que o Weisang trouxe uma mulher para Om, Maola, num casamento arranjado entre as duas famílias durante o festival. O temperamento de Maola parecia-se bastante com o de Saierbao: ela era uma mulher de poucas palavras, serena e trabalhadora, e estava sempre sorrindo. Embora Om continuasse a tocar alaúde fora da tenda toda noite, sua música se tornou muito mais alegre.

Não demorou para que Maola engravidasse. Dois cordeiros foram separados do rebanho e amarrados à tenda. Wen observou que os engordaram: serviriam de alimento a Maola na época do nascimento e celebrariam a chegada do novo membro da família. E foi ao ver maravilhada a habilidade com que Gela e Ge'er ajudaram a nascer uma menina saudável, a qual entregaram nas mãos de Om, que ela percebeu que sua identidade de médica, e até de chinesa, a abandonava.

Naquela noite, Gela dirigiu um ritual de orações para a recém-nascida, com a participação de toda a família. Saierbao e Wen tinham trabalhado intensamente o dia inteiro, preparando a festa. No banquete, a tibetana ofereceu-lhe a perna assada de um dos cordeiros. Até onde Wen lembrava, sempre se reservava aquela parte do animal para Gela e Ge'er. O gesto de Saierbao parecia lhe dizer: "Agora você é uma de nós. Compartilhe nossa felicidade".

Fazia dez horas que conversávamos quando Shu Wen chegou a esse ponto da sua história. Pessoas entraram e saíram da casa de chá, e o garçom, que parecia ser também dono do hotel, tinha enchido muitas vezes nosso bule com água quente. O chá perdera completamente o gosto.

A noite caía, e sugeri a Shu Wen que dividíssemos um quarto no hotel, para continuarmos nossa conversa no dia seguinte. Ela concordou com a sugestão do mesmo modo como respondia a todas as minhas perguntas, laconicamente. Quando ela não estava absorta me contando as experiências que vivera, sua voz era monótona.

Enquanto nos preparávamos para dormir, tentei entabular uma conversa e me assegurar de que ela estava bem, mas Wen permaneceu em silêncio.

"Quer um pouco d'água?", perguntei.
"Não."
"Gostou do quarto?"
"Sim."
"Você está bem? Parece um pouco cansada."

"*Estou bem.*"

Eu estava ansiosa para criar intimidade com ela e, assim, poder fazer a torrente de perguntas que fora acumulando, mas ficou claro que Wen considerava acabada a conversa daquele dia.

A possibilidade de que seu corpo grande não coubesse na estreita cama de solteiro me preocupava, mas, mais uma vez, Wen frustrou minhas expectativas. Antes de se despir, tirou suas coisas da roupa tibetana como um mágico tira um coelho da cartola. Dos dois bolsos internos da veste, retirou livros e dinheiro, e, dos bolsos internos das mangas, algumas bolsinhas de pele de ovelha. Puxou uma faca da bota que usava no pé direito e, da outra bota, alguns papéis. Da cintura, tirou dois grandes sacos de couro vazios e, depois, seu comprido cinto de seda, no qual estavam amarrados saquinhos de couro e umas ferramentas.

Eu observava maravilhada: sua roupa era sua bagagem. E se transformou também em sua cama. Wen esticou a roupa sobre a cama, como um colchão, pôs o cinto de seda em cima dos livros e papéis, para fazer um travesseiro, e depois virou as mangas pelo avesso. Aí enfiou todos os seus pertences, com exceção da faca, que deixou ao lado do travesseiro. Por fim, deitou-se sobre a roupa, puxou os dois lados para cima do tronco e cobriu as pernas com os sacos de couro vazios. Tudo, seu corpo e seus pertences, ficou perfeitamente protegido.

Acho que ela não reparou na minha expressão de espanto quando me deitei na cama ao lado. Senti-me vivenciando um pequeno pedaço da vida tibetana. Vivenciaria mais quando, em 1995, fui a Qinghai para tentar entender o que Wen tinha passado. Lá eu testemunharia a engenhosidade do povo tibetano, que conseguia viver com tão poucos recursos. Veria pedras empilhadas para marcar direções, comida escondida no solo congelado para ser recolhida num futuro próximo ou beneficiar outros viajantes, lenha estocada sob rochas para ser usada como combustível. Aprenderia que os dois grandes sacos de couro vazios com que Wen cobriu as pernas serviam para carregar comida, como farinha de cevada e carne-seca, nas viagens.

Naquela noite em Suzhou quase não dormi. Ansiava pelo amanhecer, para poder fazer a Wen algumas das questões que zumbiam em minha mente: "Você encontrou Kejun?"; "Sabe o que aconteceu com Zhuoma?"; "Como suportou física e mentalmente todos aqueles anos?"; "Como você voltou?".

Jamais conhecera alguém que tivesse perdido tão completamente o contato com o mundo. Não conseguia imaginar uma situação como aquela. Ao contar sua história, Wen fora extremamente vaga sobre o tempo. A vida dos nômades era uma vida de estações, não de relógios ou calendários. Era difícil saber quanto tempo ela passara com a família de Gela. Mencionou que, quando os conheceu, Hum tinha cerca de nove anos, e já era um homem-feito quando ela partiu. Isso significava que Wen havia ficado com a família pelo menos durante dez anos, ou talvez muito mais.

"Como isso a modificou?", pensei, enquanto me revirava na cama. "Em que pessoa você se transformou?"

6. As treze montanhas sagradas

Durante os anos que passou com a família de Gela, Wen se agarrou à convicção de que um dia se uniria outra vez a Kejun. E, embora tivesse adotado em muitas circunstâncias o modo budista de viver e, como os tibetanos que a rodeavam, tivesse aceitado seu destino, jamais renunciou à sua busca. Na maior parte do tempo, os pensamentos sobre Kejun ficaram confinados ao diário, mas, à medida que seu tibetano melhorou e ela se viu capaz de se comunicar com mais clareza, começou a tentar expressar seus sentimentos à família. Hum foi a primeira pessoa com quem conversou a respeito do marido. A forte espiritualidade que reparara nele logo ao chegar cresceu ao longo dos anos, e Wen sentiu que agora podia confiar em Hum. Depois de lembrar como, ainda menino, ele ficara tão assustado ao ver a fotografia de Kejun, mostrou-lhe novamente a foto. "Este homem", disse, "é meu amado. Meu sol e minha lua."

Aos poucos, Kejun se tornou parte da conversa. A família ouvia fascinada Wen lhes contar da sua antiga vida na China. Especialmente Pad, agora uma mulher, parecia se deleitar com as informações sobre aquele mundo muito diferente no leste.

* * *

 Finalmente chegou o dia pelo qual Wen jamais ousara esperar. Gela lhe anunciou que a família decidira ajudá-la em sua busca. Hum, na idade em que estava agora, auxiliaria Gela, e, assim, Ge'er poderia acompanhá-la. Pad também queria ir junto, e Gela concordara, pois seu misterioso dom de predição provavelmente seria útil para Wen. Ele lhes daria três cavalos e provisões suficientes para manter-se por algum tempo. Quando as provisões acabassem, eles poderiam contar com a generosidade de outros tibetanos e dos mosteiros.
 Ao ouvir que a família planejava se separar para ajudá-la, Wen chorou. Não sabia o que dizer. Não encontrava palavras para expressar como era grande a dívida de gratidão que tinha com eles. Não só a salvaram da morte, mas a transformaram em membro da sua família amorosa, por muitos anos. Vendo suas lágrimas, Saierbao pegou ternamente na mão dela e a acariciou. Wen sentiu a aspereza da pele de Saierbao. Ela envelhecera. As roupas coloridas haviam desbotado, os adornos ficaram foscos, mas seu rosto ainda brilhava.
 A partida dos três foi um acontecimento solene. Gela e Saierbao observaram silenciosamente Ge'er carregar os cavalos. Saierbao havia preparado sacos de comida e odres com água; havia uma tenda, roupa de cama, cordas e remédios.
 Quando segurou a rédea do cavalo de Wen para ela montar, Hum confidenciou-lhe que pretendia entrar num mosteiro, como haviam feito seus irmãos Ma e Me, assim que Ge'er voltasse. Refletira sobre as palavras dela a respeito de Kejun: achava que entendera o amor de Wen, porque, para ele, os espíritos eram como o sol e a lua.
 Em meio às despedidas, Wen tirou o colar de cornalina que Zhuoma lhe dera e o colocou nas mãos de Saierbao, com a velha

farda, que jamais usara outra vez. Imagens do rosto de Ni vieram à sua mente. Ela sabia que, para onde quer que fosse, nunca esqueceria a menina, que tinha sido como um belo sino de vento, nem o amor sereno da sua família.

Quando faziam seus planos para a jornada, Pad sugeriu a Ge'er que procurassem os entalhadores de pedras *mani* nas montanhas sagradas. Esses homens eram visitados por pessoas de todo tipo que queriam fazer oferendas aos deuses. Talvez tivessem notícias de chineses que passaram por aquele caminho nos últimos anos. Ge'er concordou.

Durante vários meses não tiveram êxito em suas investigações. Viajaram por muitas montanhas, mas nenhum dos entalhadores de pedras com quem Ge'er falou reconheceu a fotografia de Kejun ou tinha visto algum chinês. Wen também não conseguiu nenhuma informação sobre o que havia acontecido com o Exército Popular de Libertação naquela área do Tibet. "O conflito terminou?", perguntava às pessoas que encontravam. Elas apenas a olhavam de modo estranho e não respondiam.

Um dia, eles se depararam com um velho entalhador de pedras que se lembrava de ter conhecido alguns chineses. Wen e Pad ficaram esperando enquanto Ge'er escalou a montanha para falar com ele. Quando voltou, contou animado que, muitos anos atrás, o entalhador de pedras tinha visto um grupo de tibetanos passar por ali e entre eles havia alguns chineses. Todos usavam roupas tibetanas, mas fora fácil identificar os rostos não tibetanos, porque não eram bronzeados pelo sol implacável do planalto. Cada um deles carregava uma espingarda com baioneta. Em cima de um dos cavalos, havia um pacote que se mexia. Ele presumira tratar-se de um animal vivo. Os homens disseram que se dirigiam para o nordeste.

Wen e Pad olharam assombradas para Ge'er. Será que aqueles eram os homens que tinham seqüestrado Zhuoma? Wen propôs que também eles fossem para o nordeste a fim de tentar conseguir mais informações, mas Ge'er achou que isso significava abandonar a busca por Kejun. Talvez fosse melhor, sugeriu, viajar na direção sudeste, onde, de acordo com várias pessoas que encontraram, havia muitos chineses.

Wen fitou o céu intensamente azul, a mão sobre a fotografia de Kejun no bolso do seu peito. "Zhuoma salvou minha vida. Nós, chineses, gostamos de pagar nossas dívidas. Acho que, se Kejun soubesse, ele iria querer que eu procurasse primeiro por Zhuoma."

O caminho norte—leste iria levá-los através de profundos desfiladeiros varridos pelos ventos. Ge'er preveniu Wen de que só no verão era possível cruzar os cumes nevados, portanto teriam que esperar o inverno todo no sopé das montanhas. Passaram os meses do inverno na tenda, acumulando força e energia. Ge'er caçava antílopes e outros animais selvagens, e colhia plantas comestíveis. Ensinou Wen e Pad a reconhecer raízes medicinais que ainda se agarravam à vida naquelas temperaturas gélidas.

Na primavera partiram novamente, viajando durante dias quase em silêncio, concentrados em guiar seus cavalos com segurança pelo terreno difícil. Assim que desceram do cume da montanha, encontraram um grupo de peregrinos, os quais usavam pedaços grandes de feltro na frente do corpo e enrolados nas mãos e nos pés. Logo Wen descobriu o motivo. Após cada passo, eles se prostravam de tal modo que até sua testa tocava o solo. Depois se levantavam e repetiam o gesto. Quando viram Wen e seus companheiros, pararam para descansar. Disseram que fazia quatro meses que viajavam numa peregrinação à montanha Anyemaqen. Wen sabia que a Anyemaqen estava a várias semanas de dura jornada. No ritmo que seguiam, levariam anos para chegar lá. Ela se perguntou se sua própria fé a ampararia daquela maneira.

Depois, não viram mais ninguém. Wen acrescentou outra linha ao seu diário, cobrindo palavras que tinha escrito muitos anos antes: "Ajude-me, Kejun! Eu sei que pode me ver — espere por mim!".

Justo quando a água e a comida que levaram estavam prestes a acabar, eles avistaram uma tenda. Os três viajantes exaustos foram recebidos com simpatia pela família nômade e permaneceram com eles por dois dias e duas noites. Wen reparou que havia grandes diferenças entre as condições de vida daquela família e as da família de Gela. Eles tinham muitos equipamentos domésticos e instrumentos agrícolas semimecanizados, uma bicicleta e até um trator. Não lhe ocorrera que a vida do povo tibetano pudesse mudar tanto conforme o lugar.

O chefe da família explicou que tudo aquilo tinha sido comprado nas "lojas-caminhões" que percorriam aquela parte do Tibet nos últimos anos.

"Essas lojas são administradas por chineses?", perguntou Wen.

"Não, trata-se de comerciantes tibetanos", respondeu o homem.

Ge'er ficou maravilhado com as máquinas e as examinou minuciosamente. Não conseguia parar de fazer perguntas: "O que essas coisinhas de ferro comem? Que fazem à noite? Sentem raiva? Dá para andar de bicicleta nas montanhas? Quantos montes de esterco o trator pode carregar de uma só vez?".

Wen nunca tinha ouvido Ge'er falar tanto.

Antes de partirem, o anfitrião lhes perguntou se seu filho Zawang, que também planejava ir para o norte, podia acompanhá-los. Ge'er ficou muito feliz com a idéia. Um homem a mais no grupo, e um homem jovem e forte, significava um abrandamento das duras tarefas da jornada — buscar água e lenha, acender o fogo para cozinhar, armar a tenda, consertar arreios e selas. A presença de Zawang mudou o ânimo de todos e amenizou a monotonia da viagem. Pad parecia especialmente encantada com ele. Wen nunca tinha visto a garota falar e rir tanto. Quando observavam os dois jovens juntos, ela e Ge'er costumavam se entreolhar e sorrir. Zawang estava a caminho do renomado mosteiro de Wendugongba para ver seu irmão mais velho, que era lama ali. Fazia dez anos que não o via, porque o mosteiro não permitira visitas durante esse período. Seu irmão precisava se dedicar atentamente a aprender a costurar as intrincadas tapeçarias que davam fama ao lugar. Zawang explicou que, para fazê-las, costuravam-se pedaços de tecido num fundo acolchoado, a fim de criar as belas e elaboradas pinturas dos espíritos. O trabalho do seu irmão agora decorava as paredes do mosteiro. Wen foi dominada pela nostalgia das roupas bordadas que usava no delta do Yang-tsé — casaquinhos de seda acolchoados, enfeitados com dragões e fênix feitos com linhas coloridas. Pensou nos pais e na irmã, que naquela altura deviam achar que estava morta. Pôs a mão no bolso e tocou no livro que ainda guardava o grou de papel da irmã.

Quando chegaram a Wendugongba, Wen e Pad esperaram do lado de fora, porque não era permitida a presença de mulheres nos recintos do mosteiro. O lama que recebeu os homens disse a Zawang que o irmão dele fora acompanhar o prior numa visita administrativa pela região. Entretanto, todos os viajantes eram bem-vindos, e ele e os companheiros poderiam aguardar a volta do irmão na hospedaria do mosteiro, ali perto.

As acomodações separaram os homens das mulheres. Wen e Pad foram instaladas num aposento de tijolos de barro, com outro adjacente para seus animais. As portas e as janelas eram feitas de tapetes de feltro oleado, pregados em molduras de madeira. O aposento tinha cerca de quinze metros quadrados e, na sua parede principal, um comprido códice religioso. Abaixo deste havia algumas estantes simples de madeira. Além disso, somente duas camas de solteiro e duas almofadas, no chão, para a meditação e leitura das escrituras.

Wen quase deu um grito ao ver o quarto: fazia tanto tempo que não dormia num lugar com paredes! Sentou-se na cama e saboreou a privacidade que oferecia. Compartilhar com apenas uma mulher um espaço para dormir era um luxo imenso.

Quando examinou os poucos objetos nas estantes de madeira, ficou surpresa ao descobrir que vários deles eram chineses. Havia uma sacola de plástico da famosa loja Rongbaozhai, de materiais de arte, em Pequim e papel acetinado feito em Chengdu; havia até uma tocha fabricada em Xangai. Ver aquelas coisas trouxe mais lágrimas aos olhos de Wen: além dos seus escassos pertences, fazia anos que ela não via um único objeto que tivesse ligação com a China. Chineses deviam ter levado suas posses para aquele aposento vazio. Ela sentiu que chegava mais perto da resposta que buscava.

Na hora do jantar, um lama lhes contou que dali a poucos dias haveria no mosteiro uma grande cerimônia chamada Dharmaraja. Os lamas iriam praticar no pátio aberto em frente à entrada e não podiam ser perturbados. Os três tibetanos se sentiram abençoados pelo fato de aquele importante festival religioso acontecer quando estavam ali. Pad explicou a Wen que qualquer um que tivesse a cabeça tocada pelo Dharmaraja alcançaria paz e segurança e seu desejo mais profundo seria realizado.

Naquela noite, antes que homens e mulheres se separassem para ir repousar, Wen indagou a Ge'er se no dia seguinte poderiam perguntar aos lamas sobre Kejun. Ge'er prometeu que falaria com eles pela manhã.

Antes de dormir, Wen acrescentou outra linha no seu livro: "Jun, hoje revi a escrita chinesa. Deve ser um sinal seu. Meu queridíssimo marido, esta noite, por favor, diga-me nos sonhos onde você está". Mas passou a noite em claro, e nenhum sonho pôde visitá-la.

No dia seguinte, um lama se dirigiu a Wen para dizer que, na hora da leitura das escrituras, informariam a todos no mosteiro sobre sua busca e também fariam perguntas aos visitantes e aos espectadores do próximo festival Dharmaraja.

O ressoar de vários gongos enormes acordou Wen na alvorada do dia da cerimônia. Ao olhar pela janela, ela viu uma figura em pé, silhuetada no telhado do mosteiro: um lama vestido numa túnica púrpura, percutindo um imenso gongo de bronze. Nas duas horas seguintes, podiam-se ouvir os lamas recitando as escrituras, e o som subia e descia pelos edifícios. Wen pensou em Saierbao, Zhuoma e Ni, três mulheres devotas que passaram a vida rezando e recitando as escrituras.

Pouco antes do início da cerimônia, um menino lama veio correndo à hospedaria para acompanhá-los até o pátio do mosteiro, situado diante da entrada ornamentada. Ele os acomodou, sentados no chão, na fileira da frente, que era a melhor posição para receber a bênção do Dharmaraja.

Foi a primeira vez que Wen assistiu tão de perto a uma cerimônia religiosa tibetana. Ela ficou de olhos arregalados, fascinada com o mar de estandartes. Diante das portas do mosteiro, havia oito grandes trompas, sustentadas e flanqueadas por lamas usando elmos adornados com penachos. Lamas em trajes cerimoniais formavam um amplo quadrado. De repente, uma fileira de lamas vestidos com túnicas vermelhas e douradas soou seus trompetes reluzentes. Um grupo de artistas, bastante parecidos com os atores da Ópera de Pequim, saiu a passos largos do edifício do mosteiro. "Esses são os lamas que vão apresentar a dança", sussurrou Pad a Wen. "Quando o Dharmaraja passar, não esqueça de dar um passo para a frente comigo, a fim de que ele consiga tocar a sua cabeça." Era um espetáculo incrível. Um grande número de dançarinos vestidos com cores brilhantes e usando toucas que representavam cavalos ou gado encheram o pátio. Lamas recitavam sutras e sopravam em trompas de cobre e em pistons. Os sons das trompas maiores marcavam o ritmo da dança, enquanto o Dharmaraja passava entre os espectadores distribuindo bênçãos. Wen não tinha idéia do que significava a dança, mas se divertiu com ela.

Virou-se para examinar a multidão e ver se os outros espectadores estavam enlevados como ela com aquela extraordinária comunhão entre o mundo dos homens e o dos espíritos. Ficou atônita ao se deparar com vários rostos chineses e com o familiar azul, preto e cinza da roupa deles em meio às vestes tibetanas coloridas e brilhantes. Embora o instinto lhe dissesse que devia abrir caminho em meio à aglomeração e ir ao encontro dos chineses, Wen foi vencida pelo abismo que agora a separava do mundo que havia deixado. Não tinha pronunciado nem sequer uma palavra em chinês durante muitos anos. Será que seria capaz de se comunicar com eles?

Com cautela, abriu caminho através do mar de gente na tentativa de encontrar um grupo de chineses que parecessem acessíveis. Quando avistou uma mulher mais ou menos da sua idade conversando animadamente sobre a cerimônia com os amigos, aproximou-se e inclinou a cabeça.

"Com licença", disse. "Posso fazer uma pergunta?"

As palavras soaram estranhas em sua boca. "Você fala chinês?", perguntou a mulher, visivelmente surpresa de que alguém com aparência de nômade do Tibet falasse sua língua.

"Eu *sou* chinesa", disse Wen tristemente. "Mas estou no Tibet desde 1958."

Como poderia começar a explicar o que lhe acontecera? A mulher e seus amigos ficaram admirados, e a massacraram com uma torrente de perguntas: "Como chegou aqui? Era prisioneira?"; "Quando aprendeu a falar tibetano?"; "Vive com tibetanos? Como eles tratam você?"; "Sua família está aqui?".

Um dos homens do grupo sugeriu que encontrassem um lugar tranqüilo para conversar, longe da multidão.

"Nós temos muitas coisas para perguntar", disse ele, "mas sinto que você também quer fazer perguntas. Vamos nos sentar naquela encosta ali adiante."

O pequeno grupo se reuniu em círculo na encosta. Além do homem, que era natural de Hubei e trabalhava com agricultura, como Wen ficou sabendo, havia um jovem e uma jovem de Henan, que trabalhavam como técnicos num hospital, e uma mulher de Sichuan, mais velha, que era professora. Todos tiveram diferentes razões para vir morar no Tibet. Os jovens lhe disseram que resolveram aproveitar os incentivos financeiros oferecidos pelo governo chinês para se mudar para a região, onde havia muitas oportunidades de trabalho. O homem mais velho disse que preferira vir — nos anos 70, quando existia grande procura pelo trabalho dos agricultores de Hubei — a continuar na China, com sua difícil situação política. A mulher disse que, como Sichuan era perto da fronteira tibetana, tinha se mudado nos anos 60, em "apoio às regiões de fronteira".

Demorou algum tempo para Wen lhes explicar como acabara vestida com roupas tibetanas, com o rosto marcado pelo sol e pelo frio, as mãos ásperas. Quando ela terminou, o grupo estava em silêncio. Todos a olhavam incrédulos.

Foi a mulher de Sichuan quem quebrou o silêncio.

"Você sabe, não sabe, que a luta entre chineses e tibetanos acabou há muito tempo?", perguntou.

Aturdida com a informação, Wen não respondeu. Parecia não haver como explicar àquelas pessoas o tipo de isolamento que vivenciara. Elas não tinham idéia do que eram as planícies vazias de Qinghai ou a maneira de viver dos nômades. Embora morassem no Tibet, permaneciam enclausuradas nas comunidades chinesas. Como poderia dizer-lhes que vivia num lugar onde não existia política nem guerra, apenas a plácida auto-suficiência de uma vida comunitária, na qual tudo era compartilhado, e espaço ilimitado, onde o tempo se prolongava infinitamente?

"Por favor, digam-me o que está acontecendo entre chineses e tibetanos, hoje", pediu.

A mulher e seus amigos entreolharam-se.

"Durante o período em que você esteve no Tibet", disse ela, "a China passou por mudanças profundas. Talvez maiores do que você possa imaginar. Para nós, é difícil saber exatamente o que está acontecendo no Tibet e por que o dalai-lama não está mais aqui."

Desde suas conversas com Zhuoma tantos anos antes, Wen nunca mais pensara no dalai-lama, mas mesmo assim ficou chocada ao saber que ele já não vivia no palácio Potala.

"Mas por que ele se foi?", perguntou.

"Não sei", disse a mulher. "Ouvi dizer que, no início, as relações entre o governo chinês e o dalai-lama eram muito boas, e que, no começo dos anos 50, o governo comunista teve o apoio do povo tibetano e também a aprovação da elite tibetana. Se assim não fosse, por que o dalai-lama, que tinha ido se esconder na distante

Yadong, uma pequena vila na fronteira, teria voltado para a capital, Lhasa? E por que mandaria seus representantes a Pequim em 1951 para assinar, com o governo comunista, o Acordo pela Libertação Pacífica do Tibet, que tornava a região independente da China? Aparentemente o encontro entre o dalai-lama, em 1954, e o presidente Mao foi muito amistoso, e o dalai-lama ficou impressionado com a inteligência e a capacidade de Mao Tsé-tung. Dizem que a prova disso é o poema que ele escreveu em louvor ao presidente Mao e a 'Roda Dourada das Mil Bênçãos' que apresentou em Pequim. Naquele ano, ele e o panchen-lama aceitaram o mandato do governo chinês no Congresso Nacional do Povo, o que demonstrou que o Tibet endossava o regime de Pequim."

"Isso é o que dizem alguns", interrompeu o homem mais velho. "Outros, porém, acreditam que o dalai-lama era jovem e impressionável. O governo de Pequim fez uma lavagem cerebral nele. Mas, embora os chineses pudessem ter influenciado suas idéias sobre questões menores, jamais conseguiram que ele abandonasse a fé que tinha na independência do Tibet. Pode-se até dizer que, no começo dos anos 50, Mao não tinha intenção de usar a força no Tibet e que sabia que era muito melhor não interferir na maneira como os tibetanos governavam a si próprios, mas teria tolerado um Tibet independente? É fácil entender por que ele mandou o exército em 1958. Havia rebeliões no sudoeste da China, e Chang Kai-chek anunciara que reunia suas forças em Taiwan para desfechar um ataque contra os comunistas. Era fundamental que Mao mantivesse o Tibet sob controle. Ele tinha sido tão leniente com o Tibet depois de 1949 só porque a Guerra da Coréia desviou para outra direção o efetivo militar e os recursos do Exército Popular. Mas, no final dos anos 50, o Exército Popular tivera alguns anos para recuperar sua força e estava pronto para intervir no Tibet. O dalai-lama aceitava armas do Ocidente e dava apoio tácito ao

Movimento pela Independência do Tibet. Mao não teve escolha, a não ser enviar o exército."
A mulher falou novamente.
"Quem pode saber a verdade? O dalai-lama ficou dividido em dois. De um lado, a promessa do governo chinês de permitir que o Tibet optasse por não participar do seu movimento de reforma era quebrada. Campanhas políticas como 'Matem os ricos, ajudem os pobres', 'igualdade universal' e 'tolerância zero com a religião' solapavam a autoridade dos senhores feudais tibetanos e abalavam a confiança do dalai-lama em Pequim. Por outro lado, ele não queria provocar Pequim. Assim, tentou jogar nos dois lados: participou ativamente dos projetos políticos iniciados pelo governo chinês, ao passo que fazia vista grossa aos esforços do Movimento pela Independência do Tibet para incitar a rebelião militar por meio do Exército dos Defensores da Fé. Mas foi como se ele estivesse em dois barcos ao mesmo tempo, com um pé em cada um: acabou sem nada. Pequim enviou seus soldados ao Tibet para destruir a ancestral unidade entre Igreja e Estado na região, enquanto o Exército dos Defensores da Fé, a despeito do apoio do Ocidente, foi incapaz de proteger o poder do dalai-lama. Na pressa em fugir, o dalailama nem sequer ousou usar suas próprias roupas. Fontes confiáveis lhe disseram que o Exército Popular de Libertação no Tibet planejava fazê-lo prisioneiro como punição por tentar romper com a China. Foi por isso que tantos tibetanos se juntaram para vigiar o palácio Potala, a fim de defender seu líder espiritual — o incidente que Pequim viu como o 'gatilho' que detonou a rebelião."

O rapaz e a moça tinham ficado em silêncio até aquele momento. Então ele perguntou: "Mas, se a fuga do dalai-lama foi tão repentina, por que tanta gente diz que o tesouro do palácio Potala foi retirado do Tibet um ou dois anos antes de tudo isso eclodir e agora está com ele no exílio? O falecido primeiro-ministro Chu En-lai disse que, quando o dalai-lama vivia no palácio Potala,

havia nele um aspecto divino, mas, quando um deus deixa seu templo, esse aspecto é manchado. Agora que ele se foi, eu acho que desistiu de lutar pela independência do Tibet".
"Não estou tão certa disso", disse a mulher de Sichuan. "Eu acho que ele anseia por voltar. Em virtude dos seus esforços, cada vez mais gente no mundo inteiro começou a prestar atenção no Tibet. O governo chinês diz que em várias ocasiões tentou dialogar com o dalai-lama mas ele sempre se recusou a ouvi-lo. Muitos tibetanos com quem converso dizem exatamente o contrário. No que devemos acreditar?"
E virou-se para Wen com um sorriso triste.
Wen estava atordoada. Nunca tinha ouvido uma conversa política como aquela. Quando jovem, fora inspirada por ideais políticos, mas ela e todos os seus amigos acreditavam na mesma coisa. Não tinha certeza se algum dia compreenderia o emaranhado de informações que acabara de receber. A verdade, pensou, sempre permaneceria indefinida, porque os seres humanos jamais poderiam reconstituir o passado. Já era tarde quando o grupo desceu a encosta. Para Wen, muito mais importante que saber sobre política era encontrar o marido. Antes de se despedir, estava determinada a descobrir se aquelas pessoas a ajudariam. Mas ninguém podia lhe dar nenhum conselho prático; elas próprias tinham dificuldade de receber cartas da China.
"Talvez em Lhasa", disse a mulher, "os oficiais do exército tenham mais informações ou possam ajudá-la a voltar para a China."
Wen agradeceu. Embora ansiasse de todo o coração retornar a Suzhou e abraçar os pais e a irmã, não podia deixar o Tibet até que não tivesse alguma notícia de Kejun e de Zhuoma. Então ficou observando os primeiros chineses que encontrou depois de tantos anos se afastarem. Por um momento, sentiu-se tentada a correr na direção deles, mas controlou-se. Já não lhes pertencia. Sua família eram Ge'er e Pad.

* * *

Quando voltou para a hospedaria, Wen encontrou um lama sentado no chão, em frente à porta do quarto dela, rezando com um rosário de contas. Ao vê-la, ele se levantou.

"Soube que procura por uma mulher chamada Zhuoma."

"Sim", disse Wen, agitada. "Sabe alguma coisa sobre ela?"

"Também estou à sua procura", disse o lama. "Há muitos anos, fui seu criado. Uma tempestade nos separou quando viajávamos. Caminhei durante dias em busca de Zhuoma, e teria morrido se um lama deste mosteiro, que colhia ervas medicinais nas montanhas, não tivesse me encontrado e me carregado para cá. Desde então dediquei a vida a este mosteiro, mas nunca deixei de perguntar aos visitantes se tinham notícias da minha senhora."

Wen mal podia falar. "Você é Tiananmen", disse.

O lama ficou surpreso. "Sim", confirmou. "Ela me chamou Tiananmen."

Nos dias subseqüentes à cerimônia Dharmaraja, Tiananmen ia visitar Wen, Ge'er e Pad nos intervalos entre as leituras das escrituras no salão do mosteiro. Quando ouviu a história de Zhuoma, apertou suas grandes mãos até as juntas estalarem, demonstrando muita preocupação. Disse-lhes que havia solicitado ao prior permissão para se ausentar por um período. Queria se juntar a eles na busca por Zhuoma. Algum tempo depois, apareceu para comunicar a boa notícia: seu pedido fora atendido. Além disso, o prior dispunha-se a abençoar a busca que empreendiam, na qual se uniam os destinos de chineses e tibetanos. Tiananmen conduziu-os à presença do lama-chefe, que ouviu pacientemente o pedido deles.

"No elevado planalto", disse o lama, "o céu pode mudar, as pessoas podem mudar, iaques e ovelhas, flores e pastagens, tudo pode mudar, mas não as montanhas sagradas. Se vocês deixarem mensagens nas treze montanhas sagradas, aqueles que souberem algo sobre Zhuoma as encontrarão. A vida começa na natureza e à natureza retorna." E deu a Wen a metade de uma carga de lapiseira que, segundo disse, era um tesouro moderno que pertencia ao mosteiro. Wen ficou encantada. Também para ela aquilo era inestimável: escrever o diário tinha se tornado seu principal consolo, e a pedra colorida produzia apenas leves traços nas páginas do livro. Naquela noite, ela escreveu em letras pretas bem visíveis.

Somente Pad parecia triste por partir. Agora que seu irmão regressara ao mosteiro com o lama-chefe, Zawang passava menos tempo com ela. Quando os lamas ficavam livres das obrigações diárias, corria para conversar com o irmão, que ficara sem ver por dez anos. Como Pad iria sobreviver, perguntava-se Wen, depois de ter se acostumado àquela companhia? Mas suas preocupações eram desnecessárias. Na véspera da partida, Ge'er veio lhe dizer que Zawang queria se juntar a eles na sua busca. Parecia que ele também não suportaria se separar de Pad. Mensageiros a cavalo foram enviados para avisar as famílias de Gela e de Zawang de que haviam encontrado Tiananmen e do que Zawang decidira. Tinham enviado mensageiros antes, mas jamais receberam notícia alguma da família de Gela. Wen esperava que aquelas mensagens chegassem ao seu destino.

O mosteiro cuidou dos cavalos e das provisões deles. Quando montaram, Wen reparou que Tiananmen havia carregado sua sela com códices de seda. Presumiu que, sendo lama, precisava levar as escrituras. Porém, depois que partiram, ele explicou que se tratava, na verdade, de mensagens pedindo informações sobre o paradeiro de Zhuoma. O mosteiro lhe ensinara muitas coisas, inclusive a escrever. Ele contou sobre os debates das escrituras, quando os lamas se reuniam para discutir de maneira formal as interpretações das escrituras, com uma série de regras bastante específicas. Ao vislumbrar o mundo do taciturno Tiananmen, Wen se sentiu mais próxima dele.

Quanto tempo transcorreu naquela viagem pelas montanhas sagradas de Qinghai? Wen perdeu a noção dos dias e das semanas. Seu pequeno grupo seguia em frente, obstinado pela determinação de encontrar Zhuoma, impávido ante as distâncias que percorria e as dificuldades que sofria. Entre cada uma das gigantescas montanhas sagradas, havia outra cadeia de montanhas, e eles tinham que atravessá-la. Mas não desistiriam até que tivessem deixado os códices de seda de Tiananmen em todas as treze montanhas.

Em algum lugar entre a primeira e terceira montanha, Ge'er deu seu consentimento para o casamento de Pad com Zawang. As testemunhas foram as montanhas silenciosas. "Nós vivemos sob o olhar dos espíritos", disse Ge'er a Wen. "Essa união faz parte do plano divino." Wen se perguntou se Pad, com seu dom de predição, já sabia algo sobre aquele casamento. Talvez por isso é que tivesse esperado tanto para se unir a alguém, num claro desafio ao costume tibetano de casar cedo. Os espíritos teriam guiado a garota no seu caminho? Cada vez mais, Wen sentia a presença deles na sua própria vida.

Na quinta montanha, Pad deu à luz uma menina e a chamou Zhuoma.

A presença de um bebê no grupo preocupava Wen. O deslocamento constante exigia muito de Pad, e não lhe parecia correto que ela arriscasse sua vida e a da criança. Wen discutiu suas preocupações com Tiananmen e com Ge'er, e resolveram que Ge'er acompanharia Pad e Zawang até um local onde pudessem construir uma vida adequada para a família. Depois, voltaria para casa, para Gela e Saierbao: fazia muito tempo que estava longe do irmão e da mulher, e era hora de se reunir outra vez a eles. Tiananmen poderia proteger Wen, e sugeriu a Ge'er que levasse o jovem casal para o sudeste. No mosteiro disseram que, nessa região, chineses e tibetanos viviam juntos. Pad e Zawang poderiam encontrar trabalho, e a filha deles iria à escola.

Ao ver o cavalo de Ge'er sumir na distância, seguido por Pad e Zawang, Wen se perguntou se um dia os veria novamente. Fosse qual fosse o tempo que lhe restava de vida, não seria suficiente para retribuir tudo o que Ge'er e sua família fizeram por ela. "Om mani padme hum", disse num sussurro, enquanto as figuras desapareciam nas montanhas.

Foi na nona montanha que encontraram a mensagem de Zhuoma. A montanha estava coberta de pilhas e pilhas de pedras *mani* que traziam inscritos os mantras *mani* e passagens das escrituras budistas.

"Trata-se do Sutra do Diamante", disse Tiananmen. "Existe apenas um capítulo da escritura para cada monte de pedras erigido como marco."

"Posso tocar nas palavras?", perguntou Wen.

"Pode", respondeu Tiananmen. "Quando colocar seus dedos sobre elas, sentirá a presença dos espíritos."

Durante algum tempo, os dois caminharam separadamente em torno dos montes de pedras, lendo as orações. Wen tentou em vão imaginar quantas gerações de mãos haviam entalhado aquelas palavras sagradas, empilhando-as naquela montanha para serem preservadas por milhares de anos. De repente, Tiananmen deu um grito. Wen se virou. Ele agitava uma echarpe *kata* branca, a qual retirara de uma fileira de flâmulas de oração que se agitavam ao vento, e gritava algo incompreensível. Avançou com cuidado pela trilha, e, quando o alcançou, ele estava emocionado demais para falar. Wen tomou-lhe a echarpe, onde se podia ler uma mensagem simples: "Zhuoma procura por Tiananmen". Espera por ele na próxima montanha, perto da cabana do entalhador de pedras".

Com o coração nas mãos, cavalgaram até a montanha vizinha. Por quanto tempo a mensagem estivera ali? Zhuoma continuaria esperando? Depois de muitos dias, ao chegar ao pé da montanha, viram a cabana do entalhador de pedras ao longe e, em pé um pouco acima dela, a figura imóvel de uma mulher. Quando os cavalos galoparam em sua direção, ela se virou. Era Zhuoma.

Durante um longo tempo, ficaram os três em silêncio. Nenhuma palavra poderia expressar a intensidade das suas emoções. Wen desmontou e abraçou a amiga, que não via fazia quase vinte anos. Atrás dela, Tiananmen saudou sua antiga senhora apenas com lágrimas. Ele a tinha encontrado, mas não podia abraçá-la. No Tibet, uma mulher solteira não pode sequer tocar na mão de um homem que devotou a vida a Buda.

O silêncio de Zhuoma sobre o assunto demonstrou que ela não queria revelar o que lhe acontecera desde o seqüestro. Wen e Tiananmen nem pensavam em perturbá-la com perguntas. Ficaram sabendo apenas que ela fora levada para a cidade chinesa de Xining, na região nordeste de Qinghai, onde passou muitos anos até descobrir uma maneira de ir embora. Procurou pela família de Gela durante dois anos. Quando finalmente os encontrou, Wen partira havia muito tempo.

Como tinha tido a idéia de deixar mensagens nas montanhas sagradas?, perguntou Wen, espantada com o fato de que o destino tivesse levado Zhuoma a dar os mesmos passos que ela.

"Um entalhador de pedras *mani* me disse uma coisa que jamais esqueci", respondeu Zhuoma. "'Nas montanhas sagradas os tibetanos sempre encontram o que perderam.' Decidi que todo ano eu visitaria todas as montanhas sagradas e, se no inverno não tivesse recebido notícias, voltaria para a primeira montanha na primavera e começaria tudo de novo. E foi o que fiz", disse, olhando tristemente para Tiananmen. "Visitei várias vezes cada montanha, e agora elas me entregaram o que eu havia perdido."

Virou-se para Wen.

"Você encontrou seu Kejun?"

Wen só conseguiu balançar a cabeça.

"Então", disse Zhuoma, "eu quero ajudá-la a encontrar o que *você* perdeu. Por favor, diga-me o que devo fazer."

Para Wen, as palavras de Zhuoma soaram como uma dádiva dos céus. Desde que encontrara os chineses em Wendugongba, vinha refletindo sobre o que ficara sabendo acerca da presença chinesa no Tibet.

"Eu gostaria de ir para Lhasa", disse. "Acho que ali encontrarei membros do exército chinês. É possível que tenham algum registro do que aconteceu com o regimento do meu marido."

Zhuoma fitou interrogativamente Tiananmen.

"Eu levarei vocês duas para Lhasa", disse ele, "mas depois serei obrigado a voltar para o mosteiro."

Wen mal podia olhar para Zhuoma. Estava arrasada porque a amiga teria que enfrentar, mais uma vez, a perda do homem que amava.

Imaginei Wen e Zhuoma, uma de frente para a outra, com os cabelos grisalhos, temendo falar demais, cautelosas com as perguntas. Ambas sabiam que não deviam discutir certas coisas. Que não teriam forças para tanto. Que o coração delas não suportaria, depois de tantos anos de perdas e mudanças.

Perguntei-me muitas vezes o que teria acontecido com Zhuoma naqueles anos. É provável que ela tivesse sido seqüestrada para ser a mulher de alguém. Isso acontecia com freqüência nas áreas ao longo da Rota da Seda. Por gerações, mongóis, tibetanos e chineses que viviam nas proximidades da Rota da Seda organizavam caravanas de viajantes para encontrar esposas. Às vezes, se a mulher era rica, os seqüestradores faziam um acordo com ela, que, então, devia permanecer com o marido somente por um tempo predeterminado. Talvez tivesse sido esse o caso de Zhuoma. Quando reencontrou Shu Wen e Tiananmen, ela ainda usava seus adornos ancestrais, o que indicava que o marido podia ter sido um homem rico e poderoso que respeitara as posses da esposa. Seja como for, e se o que presumo é verdadeiro, *é difícil imaginar como Zhuoma, uma mulher tão culta, agüentou todos aqueles anos de casamento forçado ou como se conformou com tal situação.*

7. Qiangba, o Velho Ermitão

Wen, Zhuoma e Tiananmen viajaram para o sul. Era verão quando chegaram à área conhecida como Cem Lagos e viram o vasto lago Zhaling, quase um mar ao pé da montanha Anyemaqen. O vento era suave, e o sol impregnou-os de uma sensação de calor e bem-estar. Ao se aproximar da água, foram surpreendidos pelo grande número de tendas armadas na margem. Wen sabia que concentrações de nômades eram raras. Alguma celebração importante devia ter atraído toda aquela gente. É nos meses de verão, quando os iaques e as ovelhas estão gordos, que os tibetanos podem ser mais sociáveis.

Armaram sua tenda e amarraram os cavalos. À noite, Tiananmen perambulou pelas outras tendas pedindo comida em troca de um dos adornos que Zhuoma conservara consigo durante todos aqueles anos. Quando voltou, disse ter ouvido dizer que dali a dois dias lá seria apresentada uma ópera a cavalo. Wen ficou intrigada com a noção de ópera a cavalo. Zhuoma lembrava-se de ter assistido a esses espetáculos na infância. Neles atuavam lamas treinados, explicou, que se apresentavam com trajes especiais e montados em cavalos. Não havia falas nem canto: os movimentos feitos por homens cavalgando ao som da música contavam a história.

Naquela noite, embora exausta pela viagem, Wen não conseguiu dormir. Uma voz suave cantando à distância a incomodava. Ela jamais tinha ouvido aquela canção. Perguntou-se se não estava fantasiando: Zhuoma e Tiananmen continuavam dormindo, imperturbados.

Na manhã seguinte, quando Wen contou a Zhuoma sobre o canto noturno, ela lhe disse que, segundo os mais velhos, das montanhas vinham vozes fantasmagóricas. Wen sentiu um arrepio na espinha.

As duas mulheres decidiram passar o dia explorando a cavalo a margem do lago e saíram cedo, carregando um odre. Quando cavalgavam na direção leste ao longo da margem, viram pássaros procurando alimento e brincando na beira da água brilhante. Nuvens esparsas corriam rapidamente pelo límpido céu azul, e aves de rapina precipitando-se sobre suas presas uniam céus e terra. A cena relembrou a Wen o delta do Yang-tsé: o rio que cortava sua cidade natal, e os lagos Dongting e Taihu, com o balanço dos seus barcos e suas pequenas pontes de pedra e madeira. Meio perdida em pensamentos, contou a Zhuoma sobre o dia em que ela e Kejun apostaram uma corrida de barcos de papel no lago Taihu. O barco de Wen navegou suavemente para o meio do lago, enquanto o dele vivia voltando ao ponto de partida. Ela estranhava que, no Tibet, o minúsculo quadrado de papel necessário para fazer um barco custasse mais que uma refeição.

Zhuoma puxou as rédeas. "Ouve alguém cantando?"

Logo que cessou o barulho dos cascos dos cavalos, o som se tornou muito claro: havia de fato uma voz, a voz de um homem que cantava uma triste melodia. Zhuoma avistou duas meninas carregando água ali perto e guiou seu cavalo na direção delas.

"Ouvem esse canto?", perguntou.

As meninas assentiram com a cabeça.

"Sabem quem está cantando?"

A menina mais velha apontou para um minúsculo vulto no outro lado do lago.

"É Qiangba, o Velho Ermitão", disse. "Ele canta todo dia no mesmo lugar. Eu ouço sempre que venho buscar água. Minha mãe diz que ele é o espírito-guardião do lago."

As mulheres viraram os cavalos para ir até o cantor, mas o lago era tão grande que, depois de cavalgarem por duas horas, o ermitão ainda parecia muito distante. Não conseguiram ver o rosto dele, apenas suas vestes esfarrapadas se agitando ao vento. De longe tinha-se a impressão de que o rochedo onde ele estava sentado flutuava no meio da água. Ao se aproximar, viram que se tratava de um pequeno banco de areia que avançava pelo lago.

"O que ele está cantando?", perguntou Wen a Zhuoma.

"Parece que é parte da grande lenda do Rei Gesar", disse a tibetana. "A mesma história que será apresentada amanhã na ópera a cavalo. A lenda vem se transmitindo através de gerações, de contador de histórias a contador de histórias. É a história mais longa do mundo. Embora seja conhecida em todo o Tibet, o povo desta região tem uma ligação especial com ela, porque foi aqui, na nascente do rio Amarelo, que o Rei Gesar construiu seu reino."

Zhuoma achou que poderia ser mais fácil chegar até o ermitão pelo outro lado do lago, e sugeriu que fizessem nova tentativa num outro dia. Enquanto cavalgavam de volta, contou a Wen um pouco da história do Rei Gesar.

Gesar nasceu na família que governava o antigo Reino de Ling. Foi uma criança excepcionalmente valente e engenhosa. Mas, quando atingiu idade para ser rei, seu tio Trothung, que queria subir ele mesmo ao trono, enviou-o com a mãe para o exílio num vale na nascente do rio Amarelo. O vale — um deserto escuro e gélido onde não brilhavam nem o sol nem a lua — era infestado por demônios. Gesar e sua mãe dominaram os espíritos maléficos e subjugaram os demônios, trataram das águas e das pastagens, e transformaram o vale num paraíso fértil para os pastores; assim, os campos luxuriantes se encheram de iaques, cavalos e ovelhas. Mais tarde os céus enviaram nevascas e geadas a Ling para punir Trothung, tornando o reino inabitável. O povo de Ling suplicou a Gesar que o acolhesse, e o rei ajudou com prazer as seis tribos do reino a se estabelecerem na nascente do rio Amarelo. Por essa razão, todos os tibetanos que viviam nesse vale se consideravam descendentes do Reino de Ling — e filhos de Gesar.

Quando as mulheres chegaram à tenda, depararam-se com um fogão feito com pedras grandes por Tiananmen; sobre o fogão, havia um caldeirão do qual emanava um delicioso cheiro de carne. Ele disse a Zhuoma que tinha conseguido meio carneiro e que o cozinhara à moda chinesa.

"Como aprendeu a cozinhar à moda chinesa?", perguntou Zhuoma, admirada.

"Com você", respondeu ele. "Você me ensinou, quando voltou de Pequim."

"Não é possível", disse ela. "Eu não sei fazer nem *tsampa*, quanto mais comida chinesa."

Tiananmen sorriu.

"Mas você me falou dos pratos chineses que comeu em Pequim e do sabor do ensopado de carneiro que se fazia lá. Meu pai dizia que, pelo cheiro do esterco, pode-se dizer onde o cavalo pastou. Se você provar vinho de cevada, poderá dizer como foi a safra da cevada. Você não me disse que os chineses cozinhavam carneiro com ervas doces e que ele ficava macio num caldo salgado? Pois foi assim que o preparei."

Zhuoma e Wen desataram a rir.

"Você me disse que ele nunca fazia perguntas", disse Wen a Zhuoma. "Mas certamente prestava atenção."

O carneiro de Tiananmen estava delicioso. Wen não se lembrava de ter comido nada temperado com aquelas ervas, mas não fez nenhum comentário. E jamais descobriu que ervas ele usara. Durante a refeição, Tiananmen contou ter ouvido dizer que mais de mil pessoas viriam assistir à ópera a cavalo no dia seguinte. Eles poderiam aproveitar e fazer perguntas sobre o marido de Wen. Os três amigos passaram a noite entusiasmados, como se tivessem certeza de que em breve suas esperanças se concretizariam. Wen foi dormir pensando em Kejun. Talvez não precisasse viajar até Lhasa. Talvez, no final de tudo, as montanhas sagradas lhe devolvessem o que havia perdido. À noite, o som do canto do ermitão penetrou nos seus sonhos. Ela e Kejun seguiam um Grande Mestre que escolhia pedras *mani* para eles numa das montanhas sagradas...

Na manhã seguinte, multidões começaram a se reunir na encosta para ter uma boa visão da movimentação dos atores, uma vez que a apresentação se daria na planície. Wen não tinha visto nada parecido desde a cerimônia Dharmaraja no mosteiro de Wendugongba. Sentia medo e excitação ao mesmo tempo, diante da presença de tanta gente. Ela, Zhuoma e Tiananmen chegaram cedo, quando os lamas ainda pintavam o rosto e preparavam seus trajes. Pela porta das tendas dos atores, viram muitos acessórios lindamente coloridos. Alguns rapazes perambulavam pelas tendas, experimentando chapéus, elmos e coroas. Outros jovens dançavam, cantavam e agitavam bandeiras coloridas. O clima era de grande animação.

O som de algumas notas de um simples instrumento de cordas deu início ao espetáculo. Wen tinha a preocupação de não entender o que aconteceria, mas os movimentos estilizados dos atores a cavalo deixavam tudo claro. A ópera contava a parte da lenda em que Gesar é enviado à Terra pelo bodisatva Chenresig, que zelava pelo mundo humano, para livrar a humanidade dos espíritos maléficos e dos demônios, reprimir toda violência e ajudar os fracos. O espírito-guardião da fé e o espírito da guerra acompanharam Gesar no mundo dos homens. Gesar venceu a corrida de cavalos por meio da qual se escolhia o governante do Reino de Ling e recebeu os títulos de Rei Gesar e Rei dos Espíritos Marciais. Liderando os espíritos, Gesar realizou uma expedição militar através de toda a terra, trazendo paz e estabilidade para a nação. Cumprida essa grandiosa tarefa, os espíritos voaram de volta para as cortes do céu.

Wen achou os lamas parecidos com os personagens da Ópera de Pequim, à qual assistira quando criança nas casas de chá de Nanquim; a diferença era que estavam montados em cavalos. Agitando bandeiras e estandartes, cavalgavam em várias formações, emitindo gritos e ruídos estranhos. O conjunto lembrava a Wen o episódio d'*A jornada para o Ocidente*, em que o Rei Macaco provoca distúrbios no céu. Zhuoma ficou a seu lado, explicando calmamente as poucas partes que ela não conseguia entender: "Essa é a luta com o rei dos demônios"; "Aquela é a bela concubina pedindo por seu rei"; "Aquele vilão é o tio Trothung, tripudiando".

Wen estava absolutamente admirada da semelhança entre os gestos dos atores e os da vida diária. Surpreendeu-a o fato de que os lamas-atores, que viviam encerrados nos mosteiros, conhecessem tão bem esses gestos. Mas talvez não houvesse muita diferença entre a vida dentro dos mosteiros e a vida fora deles. Aos poucos ela entendia que o Tibet era um grande mosteiro. Todas as pessoas estavam impregnadas do mesmo espírito religioso, usassem ou não túnicas religiosas.

Quando a noite caiu e os lamas amarraram seus cavalos e guardaram seus trajes, os espectadores se reuniram em volta de fogueiras, e beberam vinho de cevada e chá de manteiga. Assaram carneiros inteiros, e o cheiro se espalhou pelo ar conforme a gordura respingava e chiava no fogo como fogos de artifício.

De repente, houve uma grande agitação, e todos correram para ver o que estava acontecendo. Alguém gritou por água quente e por um *menba*.

Zhuoma enfiou-se no meio da multidão para ouvir o que diziam.

"Uma mulher entrou em trabalho de parto", disse ela a Wen. "Parece que está com problemas, e a família implora ajuda. Você pode fazer alguma coisa?"

Wen hesitou. Durante todos os anos que tinha passado no Tibet, mal usara seus conhecimentos médicos. A barreira da língua, a utilização de ervas diferentes, o fato de que em geral os tibetanos confiavam na oração quando alguém adoecia seriamente, haviam tornado inúteis os conhecimentos que adquirira com muito esforço. Seria uma atitude responsável da parte dela afirmar, naquele momento, que poderia ajudar num parto difícil?

Zhuoma percebeu sua indecisão.

"Venha", disse. "Eles estão desesperados. Pelo menos vá ver o que está acontecendo."

Numa tenda com mobília escassa, uma mulher de rosto cinza estava deitada, tremendo e perdendo muito sangue. A cabeça do bebê já aparecia, mas o cordão umbilical se enrolara no pescoço dele, impedindo-o de nascer. Para piorar, a família da mulher insistia que ela fizesse força, e o bebê ia ficando arroxeado, sufocado pelo cordão.

Wen pediu aos berros que a mulher parasse de fazer força. Enquanto lavava as mãos, gritou para Zhuoma instruções sobre como auxiliá-la. Silenciada e impressionada por sua firmeza, a família ficou ali ao lado, apenas observando.

Com cuidado, Wen empurrou a cabeça do bebê de volta para o interior do corpo da mulher. Ouviu as respirações ofegantes a sua volta e se concentrou o máximo possível para lembrar a obstetrícia que aprendera na faculdade. Para dificuldades como aquela, precisava massagear suavemente o útero. Zhuoma disse a todos que ela era uma *menba* chinesa e que usava métodos chineses de parto para ajudá-los. Em seguida, Wen gesticulou à mãe para que fizesse força, e logo depois o bebê nasceu, devagar mas com segurança. Era um menino saudável. Em meio a gritos de animação, Wen cortou habilmente o cordão umbilical, retirou as páreas e limpou a parte inferior do corpo da mulher com um vinho medicinal especial que a família lhe trouxe. Então, viu darem ao bebê um caldo de ervas que o protegeria de picadas de insetos, como o que fora dado aos filhos de Om e de Pad.

Quando Wen passou ao pai o bebê enrolado em faixas, ele ficou com medo de segurá-lo. Em vez disso, abriu a túnica e pediu-lhe que pusesse a criança perto do seu corpo. Estava dominado pela emoção. Disse a Wen e a Zhuoma que ansiara por um filho durante muitos anos mas suas esperanças tinham sido sempre frustradas, ou por abortos naturais, ou por complicações no parto.

"Acabo de conhecer mais um *menba* chinês que fez uma boa ação", disse o homem.

Wen ficou enregelada. "O que quer dizer?", perguntou. "Você conheceu outro médico chinês?"

"Meu pai me falou sobre um médico chinês", respondeu o homem. "Ele contou que, muitos anos atrás, um médico chinês recebeu um enterro celestial e que, por isso, a luta entre tibetanos e chineses nesta área chegou ao fim."

Wen olhou para Zhuoma. Seu coração batia forte, e ela mal conseguia respirar.

Será que o médico de que ele falava era Kejun?

Ao ver sua emoção, Zhuoma ajudou-a a sentar-se.

"Eu não sei os detalhes", continuou o homem, "mas meu pai costumava dizer que Qiangba, o Velho Ermitão, conhecia a história."

Naquele momento, um homem entrou precipitadamente na tenda e presenteou Wen com uma echarpe *kata* branca como a neve, em sinal de gratidão. Em seguida, conduziu-a até lá fora, onde a multidão que a esperava a saudou com assobios e vivas. Duas mulheres idosas que cozinhavam carneiro numa fogueira levaram-lhe duas pernas gordas do animal para homenageá-la. A festa continuou noite adentro. Foi só muitas horas depois que Wen conseguiu voltar para sua tenda. Ela e Zhuoma decidiram que a primeira coisa que fariam na manhã seguinte seria procurar Qiangba. Wen deitou-se; sua cabeça girava levemente, por conta do vinho de cevada. Quando o vento soprou lá fora e as lâmpadas de manteiga bruxulearam, ela se esforçou para ouvir o som do canto do lago.

No dia seguinte à ópera haveria uma corrida de cavalos, mas Wen e Zhuoma estavam indiferentes à animação e à agitação dos preparativos quando se encaminharam para o lago. Ao se aproximarem do lugar onde tinham avistado o ermitão, Wen estava cheia de expectativa. Mas, para seu desalento, a pedra sobre a qual o viram sentado estava vazia, e nenhuma das pessoas que enchiam seus recipientes com água do lago sabia para onde ele fora. As duas mulheres se apressaram a voltar para perguntar àqueles que assistiam à corrida de cavalos se tinham idéia do paradeiro do ermitão, mas ali também ninguém sabia de nada. Esperaram o dia inteiro na beira do lago, porém ele não voltou. O cantor misterioso tinha desaparecido, levando com ele sua história.

Todas as pessoas com quem falaram tinham certeza de que o ermitão voltaria: ele era o espírito-guardião do lago. Mas, para Wen, mais uma esperança se evaporara, e a decepção era quase insuportável. Sentindo-se à beira da loucura, separou-se dos outros e galopou desvairadamente em volta do lago, gritando ao vento os nomes de Kejun e de Qiangba.

Durante vários dias, Wen ficou em silêncio. Zhuoma tentou consolá-la, dizendo-lhe que acabariam por encontrar alguém que conhecesse melhor a lenda local do *menba* chinês, mas Wen não conseguiu responder. Era como se a sucessão interminável de golpes e decepções tivesse roubado toda a sua capacidade de se expressar.

Foi Tiananmen quem a animou. Uma manhã bem cedo, ele e Zhuoma selaram os cavalos e incentivaram Wen a acompanhá-los numa cavalgada até uma montanha na vizinhança.

"Eu gostaria de levá-la para ver um local de enterro celestial", disse Tiananmen serenamente.

Justamente quando os três amigos chegaram ao topo da montanha, tinha acabado de acontecer um enterro celestial. Bandeirolas e echarpes *kata* brancas agitavam-se na brisa, pedacinhos de notas de dinheiro dançavam e se reviravam no solo como flocos de neve. Eles se viram diante de um grande recinto protegido por um portão; no centro do recinto, havia uma área rebaixada, calçada com pedras. Havia ainda uma passagem ladeada por dois altares, também de pedra.

Um homem aproximou-se deles e se apresentou como o mestre do enterro celestial. Perguntou se podia ajudá-los. Tiananmen deu um passo para a frente e inclinou a cabeça.

"Nós gostaríamos de saber o que é exatamente enterro celestial", disse.

Embora o mestre do enterro celestial parecesse um pouco surpreso com seu pedido, não relutou em atendê-lo.

"Os humanos são parte da natureza", começou. "Nós chegamos naturalmente ao mundo e dele partimos naturalmente. A vida e a morte são parte de uma roda de reencarnação. Não se deve temer a morte. Nós esperamos ansiosamente pela nossa próxima vida. Quando se põe fogo em galhos de amoreira no local do enterro celestial, a fumaça percorre uma estrada de cinco cores entre o céu e a terra, atraindo os espíritos para o altar. O cadáver se torna uma oferenda a eles, e nós os exortamos a levar a alma para o céu. A fumaça da amoreira atrai águias, abutres e outros animais sagrados que se alimentam de carniça, e eles comem o cadáver. Faz-se isso à imitação do Buda Shakyamuni, que 'se sacrificou para alimentar os tigres'."

Então, Wen pediu ao mestre que explicasse em detalhes como se preparava o cadáver para oferecê-lo aos abutres.

"Primeiro lava-se o corpo", disse ele, "e raspam-se todos os cabelos e pêlos. Em seguida ele é enrolado numa mortalha de tecido branco e sentado com a cabeça abaixada e apoiada nos joelhos. Depois de se escolher um dia auspicioso, um carregador especial leva o cadáver nas costas até o altar do enterro celestial. Lamas vêm do mosteiro do lugar e enviam o espírito para seu caminho; enquanto recitam as escrituras, que libertam a alma do purgatório, o mestre do enterro celestial toca trompa, acende o fogo de amoreira para atrair os abutres e desmembra o corpo, partindo os ossos numa ordem prescrita pelo ritual. O corpo é desmembrado de maneiras diferentes, de acordo com a causa da morte, mas, independentemente da maneira escolhida, o trabalho com a faca deve ser impecável, do contrário os demônios virão roubar o espírito."

Uma lembrança das aulas de dissecação na universidade atravessou a mente de Wen, mas ela se obrigou a continuar ouvindo.

"As aves nunca se recusam a comer um corpo?", perguntou.

"Como os abutres preferem a carne aos ossos", respondeu o mestre do enterro celestial, "primeiro alimentamos as aves com os ossos. Às vezes misturamos os ossos partidos com manteiga de iaque. Quando alguém ingeriu muitos medicamentos feitos com ervas, seu corpo terá o sabor forte dos remédios, e os abutres não gostam disso. A manteiga e outros ingredientes ajudam a torná-lo mais palatável. É fundamental que o corpo inteiro seja comido. Do contrário, o cadáver será dominado pelos demônios."

Wen ficou olhando para o local do enterro celestial por algum tempo. Ouviu Tiananmen perguntar ao mestre se era verdade que um colega dele havia separado as cabeças de todos os cadáveres que iria enterrar e construído uma vasta parede com os crânios porque, quando criança, testemunhara um assassinato e queria manter afastado o fantasma do assassino. Não ouviu a resposta do mestre do enterro celestial. Tentava se resignar à idéia de que se permitisse que o bico agudo e voraz de um abutre avançasse na carne de um ente querido. Durante o período que vivera no Tibet, Wen desenvolvera a capacidade de compreender muitas das coisas que, no começo, causavam-lhe horror e repugnância. A fé budista agora fazia parte da sua vida. Por que, então, ela sentia tanta dificuldade em acreditar, como Zhuoma e Tiananmen acreditavam, que o enterro celestial era um rito sagrado e natural, e não um ato de selvageria? Seria capaz de suportar se de fato Kejun fosse o *menba* chinês de quem as pessoas tinham falado?

Quando iam embora, ela se virou para o mestre do enterro celestial.

"Alguma vez realizou um enterro celestial para um chinês?", perguntou.

O mestre olhou curiosamente para ela. "Nunca", disse. "Mas Qiangba, o Velho Ermitão, que senta na beira do lago Zhaling, canta a respeito disso."

De volta ao lago Zhaling, os três amigos armaram sua tenda perto do lugar onde Qiangba costumava cantar, para poder perguntar às pessoas que iam buscar água se sabiam o que acontecera com o ermitão. Alguns contaram que Qiangba tinha ido embora caminhando sobre as ondas, cantando enquanto partia. Outros disseram que seu canto havia atraído os espíritos, os quais o convocaram a ir para o céu. Mas todos os três se recusaram a acreditar que Qiangba tivesse ido embora para sempre, levando as esperanças deles.

À beira do desespero, decidiram fazer uma oferenda de uma pedra *mani*, esperando que ela lhes trouxesse boa sorte. Justamente quando se preparavam para partir, um homem alto chegou à tenda, a cavalo.

"São vocês que estão procurando por Qiangba, o Velho Ermitão?"

Os três, bastante surpresos, concordaram com a cabeça.

"Então venham comigo."

Antes de terminar de falar, o homem virou o cavalo e lhe deu uma chicotada. Sem parar para pensar, Wen e os outros pegaram as bagagens, pularam nos cavalos e galoparam atrás do estranho.

Logo chegaram a uma tenda. Entregaram as rédeas a uma mulher que esperava do lado de fora e entraram na tenda com o homem. Próximo ao fogão, notaram alguém dormindo, enrolado num acolchoado bem grosso. Só se via seu rosto lívido.

"Qiangba!", murmurou Wen. Pelo som da respiração do ermitão, ela concluiu que seus pulmões estavam muito fracos.

O tibetano gesticulou a eles para que ficassem quietos e depois os levou até lá fora. Pela expressão ansiosa dos três, adivinhou o que estavam prestes a perguntar e lhes disse que sentassem na grama.

"Eu vou explicar, não se preocupem. Uma manhã, há mais ou menos uma semana, quando voltaram do lago aonde tinham ido buscar água, minhas duas filhas disseram que Qiangba, o Velho Ermitão, estava sentado no lugar de sempre mas não cantava. Minha mulher estranhou e sugeriu que eu fosse lá dar uma olhada.

Assim, naquele mesmo dia, eu cavalguei com minhas filhas até a beira do lago. Como elas haviam dito, o ermitão estava sentado no lugar de sempre, em silêncio, com a cabeça inclinada para o lado direito. Fui até ele, gritando seu nome, mas ele não se moveu nem disse nada. Não parecia bem. Sacudi-o, mas ele simplesmente caiu de lado. Vi que estava com os olhos bem fechados e com a testa e as mãos muito quentes; então, carreguei-o no cavalo até minha casa. Demos a ele um medicamento preparado com ervas, mas parece que não fez muito efeito. Embora agora esteja sem febre, ele dorme o tempo todo e não fala. Estamos pensando em enviá-lo para o mosteiro na vizinhança, para que os lamas cuidem dele.

"Hoje, quando uma das minhas filhas voltou do lago, disse que ouviu falar que fazia vários dias que vocês estavam acampados ali perto e perguntavam pelo ermitão, por isso fui procurá-los." Olhou de relance para o interior da tenda. "Embora aqui todo mundo ame e respeite Qiangba, o Velho Ermitão, ninguém sabe de onde ele veio. Tudo o que sabemos é que apareceu aqui, como por milagre, há vinte anos e começou a tomar conta do lago e a cantar sobre o Rei Gesar, a montanha Anyemaqen e nossos grandes espíritos tibetanos. Às vezes canta também sobre como um *menba* chinês pôs fim à luta entre chineses e tibetanos nesta região. Quem vai buscar água leva comida para ele, mas nenhum de nós sabe onde ele vive. De vez em quando é visto conversando com os lamas do mosteiro vizinho. Alguns dizem que os lamas sabem tudo sobre o passado dele, mas não tenho certeza. Nós só estamos aqui nos Cem Lagos para passar a primavera e o verão."

Embora Zhuoma tentasse convencer o homem a deixar Wen entrar na tenda para dar uma olhada no ermitão, ele foi irredutível: queria levá-lo para o mosteiro vizinho. Nem deixaria que elas o acompanhassem, pois nos mosteiros não se permite a entrada de mulheres e aquele não tinha hospedaria. Depois de uma breve discussão, Wen e Zhuoma decidiram que Tiananmen devia ir com

Qiangba até o mosteiro, e elas acampariam nas proximidades, à espera de notícias.

Tiananmen só voltou depois de muitos dias. Wen não podia fazer nada, a não ser esperar. Sentava-se na grama do lado de fora da tenda e murmurava repetidamente consigo mesma: "Om mani padme hum". Zhuoma cuidava da comida de Wen e a ajudava a fazer a cama à noite. O resto do tempo permitiu que ficasse perdida em seus pensamentos.

Quando afinal avistou o cavalo de Tiananmen à distância, Wen levantou-se. Ele cavalgou diretamente até ela e, sem desmontar, deu-lhe um pacote envolto em bandagens amarelas.

"Durante muitos anos", disse, "Qiangba, o Velho Ermitão, manteve isso a salvo no mosteiro. Tudo o que ele sabe sobre seu conteúdo é que deve ser entregue a uma chinesa de Suzhou chamada Shu Wen. Ele tentou muitas vezes encontrar alguém que pudesse levar o pacote até Suzhou, mas nenhum viajante pôde ajudá-lo. Agora, melhorou um pouco dos pulmões. Falou-me sobre suas experiências. Acho que este pacote é para você."

8. O amor do enterro celestial

Na tenda, Wen sentou-se agarrada ao pacote. Quase podia senti-lo respirando, esperando ganhar vida a um comando dela. Finalmente, com as mãos trêmulas, desatou as bandagens familiares — do tipo que os médicos de toda a China usavam. Dentro do pacote havia dois cadernos. Em nenhum deles se escrevera muito, mas cada traço de cada ideograma tinha sido feito pelo homem que ocupara seus pensamentos, dia e noite, por tanto tempo quanto ela podia lembrar.

O coração de Wen palpitava. Depois de tantos anos de busca e incerteza, enfim ela sentiu que podia ver, ouvir e tocar o marido. Folheou as páginas lentamente, quase não ousando mexer nelas para que não se esmigalhassem em suas mãos. Um dos cadernos continha anotações médicas, registros de doenças que Kejun e seus camaradas descobriram quando penetraram no Tibet e detalhes do tratamento. O outro era um diário. Na primeira página, dizia que fora escrito para a mulher de Kejun, Shu Wen, a quem ele amava de todo o coração.

Nem Zhuoma nem Tiananmen sabiam o que dizer a Wen, que

tremia e soluçava. Palavras ou gestos não poderiam interromper as lágrimas que vinham se acumulando havia tanto tempo.

Tiananmen acendeu uma lâmpada e a colocou perto de Wen, juntamente com um frasco de óleo, para que ela pudesse reabastecê-la. Zhuoma pôs alguns bolos de esterco a mais no fogo, depois arrumou um acolchoado ali perto, para Wen sentar-se. Em seguida, saíram os dois em silêncio da tenda.

Wen começou a ler o diário com grande apreensão. Numa caligrafia elegante que, ao longo das entradas, foi perdendo a clareza, estava registrado o que acontecera com seu marido.

A surpresa de Kejun diante da resistência tibetana enfrentada por sua unidade ocupava inteiramente as primeiras páginas. Durante o treinamento, levaram-no a acreditar que as negociações entre o governo chinês e os líderes religiosos do Tibet tinham sido muito bem-sucedidas. Disseram-lhe que os "compatriotas tibetanos, honestos e generosos", receberam o Exército Popular de Libertação de braços abertos. Suas aulas sobre os costumes tibetanos e sobre as políticas do governo para com as minorias praticamente não o prepararam para a hostilidade com que se deparou. Sua unidade era composta de camponeses jovens e analfabetos, com a cabeça cheia de slogans comunistas: "Libertem toda a China!", "Com a Revolução até o fim!". Julgavam que toda resistência contra eles era "contra-revolucionária". Kejun e o comandante eram os únicos soldados cultos. Aos poucos compreenderam que a agressividade dos tibetanos derivava do fato de que acreditavam serem os chineses demônios sobrenaturais enviados para destruir a religião deles. Sua selvageria era legendária: não descansariam enquanto não aniquilassem aqueles demônios. Os soldados chineses retaliaram.

Durante semanas a unidade de Kejun cavalgou na direção norte, tomando muito cuidado para evitar as áreas onde os tibetanos viviam ou pastoreavam seus rebanhos. Então, uma tarde, ao pôr do sol, eles ouviram gritos de agonia vindos da encosta da montanha. O comandante e Kejun — que sabiam falar um pouco de tibetano — foram na frente para investigar. Quando chegaram perto do som terrível, viram uma cena que os paralisou de horror.

Um bando de abutres se alimentava numa pilha de corpos encharcados de sangue, um dos quais estava vivo e lutava desesperadamente para se defender das aves de rapina. Antes que o comandante pudesse impedi-lo, Kejun — com seu senso de responsabilidade para com doentes e feridos — sacou o revólver e atirou num dos abutres.

Houve um alvoroço quando as aves voaram para o alto — depois, um silêncio medonho. O ferido permaneceu no chão, contorcendo-se. Kejun ia se aproximar dele quando um rugido de ódio cortou o ar como um furacão. Ao olhar para uma parte mais alta na encosta da montanha, viu um grupo de tibetanos enfurecidos com os olhos pregados nele. Um calafrio percorreu sua espinha. Ele percebeu que, na pressa de ajudar um agonizante, havia se intrometido num ritual fúnebre e matado uma ave sagrada. Ficou aterrorizado quando pensou nas conseqüências do seu ato precipitado — ficou também confuso: não entendia por que não havia ninguém no funeral para recitar as escrituras nem por que tinham deixado um homem ainda vivo entre os cadáveres.

Mantendo um olhar cauteloso no grupo, Kejun foi até o local do enterro celestial. O homem estava inconsciente. Kejun cuidou dos ferimentos dele e o carregou para seu cavalo. Ele e o comandante cavalgaram de volta para a unidade, Kejun com o ferido à sua frente.

A unidade tentou continuar se locomovendo naquela noite, procurando um lugar adequado para acampar, mas, para onde quer que se virassem, deparavam-se com tibetanos praguejando contra eles. Temiam um ataque a qualquer momento.

Kejun viu o terror no rosto dos soldados. Eles acreditavam

que o auto-sacrifício pela Revolução era uma honra, mas estavam petrificados de medo das punições religiosas do Tibet, as quais, conforme ouviram dizer, eram horríveis. O moral estava extremamente baixo. Eles não tinham água para cozinhar, tinham poucas provisões e pouquíssima lenha para ajudá-los a suportar as condições glaciais de uma noite no planalto.

Foi nesse ponto do diário que a caligrafia de Kejun se tornou indistinta, como se ele tivesse escrito com muita pressa. Wen ficou tentada a ler a última entrada, tão desesperada estava para saber o que ocorrera, mas continuou a seguir a ordem das páginas. Ela devia a Kejun ler a história inteira.

No diário, Kejun refletia sobre o que fazer. Era evidente que os tibetanos não os deixariam prosseguir. Queriam vingança pelo que Kejun tinha feito. Era apenas questão de tempo: atacariam a unidade e quem sabe quantos soldados não seriam massacrados. A unidade enviou um sinal de rádio para seu posto de comando, mas não recebeu resposta. Não havia certeza de que mandariam reforço. Se eles não agissem rápido, ninguém sabia o que poderia acontecer.

Como tinha provocado aquela situação, Kejun achou que devia ir até os tibetanos e explicar suas atitudes. Talvez conseguisse uma trégua para os camaradas. Parou de escrever cheio de incerteza sobre o que o dia seguinte lhes traria.

Ao amanhecer, Kejun foi examinar o homem que tinha resgatado dos bicos selvagens dos abutres. O tibetano conseguiu comer e dizer seu nome: Qiangba. Com grande dificuldade, e parando para respirar a cada frase, contou a Kejun o que acontecera.

Ele era um jovem lama de um mosteiro no norte, explicou. Viera colher ervas medicinais com outros lamas naquela área e se deparou com uma luta feroz entre tibetanos e chineses. Para piorar as coisas, adoeceu. Seus pulmões ficaram muito fracos, e ele perdeu a consciência repetidas vezes. Os companheiros levaram-no para um mosteiro vizinho, aonde chegaram notícias de que o exército chinês se aproximava. Em pânico, os lamas forçaram-no a tomar um remédio, esconderam-no num outeiro das proximidades e fugiram.

Qiangba não sabia ao certo o que acontecera depois, mas achava que um grupo de homens que realizaria um enterro celestial encontrara seu corpo aparentemente sem vida e o juntara aos cadáveres. Imaginou que os homens fugiram do local do enterro celestial quando souberam da aproximação dos chineses. Não tiveram tempo de cobrir os cadáveres, cujas mortalhas tinham acabado de ser retiradas para o desmembramento. Qiangba recobrou a consciência justamente quando uma ave enorme lhe atacava o peito.

Depois de contar sua história, ajoelhou-se aos pés de Kejun e agradeceu a ele por ter lhe salvado a vida.

Kejun o interrompeu. "Você acha que pode se levantar?", perguntou.

O jovem lama assentiu com a cabeça.

"Então venha comigo", disse Kejun, e conduziu-o até onde o comandante tomava seu parco café-da-manhã. Explicou-lhe que Qiangba se dispunha a guiá-lo para encontrar água e pediu permissão para deixar a unidade. Impressionado com a coragem de Kejun, o comandante concordou prontamente.

Kejun então sentou-se e rabiscou a última entrada do seu diário. No final, escreveu uma carta para Shu Wen:

Querida Wen,
Se hoje eu não retornar, outros lhe contarão o que aconteceu comigo. Por favor, entenda e me perdoe.
Eu te amo. Se me for permitido entrar no paraíso, farei tudo para lhe garantir uma vida segura e repleta de paz, e esperarei por você lá. Se for para o inferno, darei tudo o que tenho para pagar as dívidas que

ambos contraímos em vida, trabalhando para lhe dar o direito de entrar no céu quando sua hora chegar. Se me transformar num fantasma, zelarei por você à noite e afastarei todo espírito que venha perturbar seu descanso. Se não tiver para onde ir, eu me dissolverei no ar e estarei com você cada vez que você respirar.
Obrigado, meu amor.
Seu marido, que pensa em você dia e noite,

Kejun

Neste dia que nós dois não esqueceremos jamais.

Wen virou a página, mas o resto do diário estava em branco. Sentiu a tenda rodar e uma sombra escura cair sobre ela. Então desmaiou.

Quando Wen voltou a si, a tenda estava completamente escura, a não ser por uma lamparina bruxuleante de manteiga. Tiananmen e Zhuoma, sentados com suas rodas de oração, murmuravam preces para ela. Em seguida, caiu num sono profundo, que parecia tão insondável quanto o lago Zhaling. Em seus sonhos, ouviu o canto melancólico do ermitão Qiangba.

Não soube por quanto tempo dormiu, mas, quando acordou, Zhuoma estava sentada a seu lado.

"Você devia ir ver uma coisa", disse a tibetana, pegando em sua mão.

Do lado de fora da tenda, havia inúmeras echarpes *kata* brancas agitando-se na brisa e uma multidão esperando por ela. Entre as pessoas, Wen viu Qiangba, sentado no chão, ladeado por dois lamas.

"Não é um fantasma", disse Zhuoma. "Ele foi carregado do mosteiro até aqui. Tem tido um problema recorrente nos pulmões desde que, ainda jovem, foi abandonado nas montanhas. Mas se sentiu suficientemente recuperado para vir vê-la. Queria conhecer a mulher do homem que salvou a vida dele."

O ermitão levantou-se, trêmulo, e caminhou até Wen. Presenteou-a com uma echarpe *kata* e fez-lhe uma profunda reverência.

"Respeitabilíssimo ermitão", disse Wen. "Li no diário do meu marido que ele foi até os homens enfurecidos que cercaram sua unidade para explicar por que atirara num abutre sagrado. Meu marido o levou com ele. Por favor, pode me contar o que aconteceu?"

Qiangba sentou-se na grama e fez um sinal para que Wen se acomodasse a seu lado.

"Seu marido me disse que conhecia uma maneira de fazer voltar o abutre sagrado que matara. Queria que eu o levasse até os homens que havia ofendido, para que pudesse se retratar de ter perturbado o enterro celestial. Acreditei nele. Conduzi-o até onde estavam os homens, no alto da encosta da montanha. Primeiro tentei tolamente explicar-lhes o que acontecera comigo, mas eles não quiseram ouvir. Olharam para mim apavorados. Acharam que eu fora transformado num fantasma, porque demônios tinham interrompido meu enterro. Acreditavam que, porque um abutre sagrado fora morto, mais nenhum abutre voltaria para a Terra e o destino do povo tibetano seria o inferno. Estavam prestes a nos atacar com facas, quando seu marido sacou a arma e deu um tiro para o ar. Aproveitou o breve silêncio que se seguiu para gritar aos homens que me deixassem partir.

"'Eu imploro que me ouçam', disse ele, no seu tibetano hesitante. 'Deixem que esse homem vá até meus amigos e lhes diga que devo permanecer aqui para corrigir meu insulto aos mensageiros dos espíritos. Eu trarei de volta o abutre sagrado. Do contrário, nenhum dos seus abutres jamais retornará e vocês nunca entrarão no céu.'

"Relutantemente, os homens se afastaram para me deixar

passar. Antes que eu partisse, seu marido me deu um pacote envolto em bandagens.

"'Se alguma coisa acontecer comigo', disse, 'faça tudo o que puder para que minha mulher receba isto.'

"Eu ainda estava muito fraco, e foi difícil me locomover com rapidez. Assim que cheguei a uma distância segura, parei para descansar atrás de uma moita. Dali vi seu marido depositar a pistola no chão e se prostrar. Em seguida, ele se ajoelhou diante do grupo de homens e lhes dirigiu a palavra. Pude ouvi-lo do meu esconderijo.

"'Nem eu nem os outros chineses viemos aqui para prejudicá-los. Tudo o que queríamos era trazer-lhes os conhecimentos chineses, para melhorar a vida de vocês, como fez a princesa Wencheng há cerca de mil anos. Ela os ensinou a tecer, a produzir safras de grãos e a tratar suas doenças. Nós queríamos ensiná-los a usar novos materiais para aperfeiçoar suas tendas, a manufaturar novos tipos de artigos de couro, a engordar seus animais. Queríamos ajudá-los a vencer os demônios das doenças que lhes causam dores. Embora tenhamos armas, não queremos usá-las contra vocês. Nós as usamos somente como vocês usam suas facas, para nos proteger de pessoas malévolas.'

"'Eu fiz o que fiz ontem para salvar um dos seus lamas, que não tinha morrido, como vocês julgaram. No entanto, compreendi que cometi um erro ao matar um dos seus mensageiros sagrados. Quero me penitenciar por esse erro. Sacrificarei minha vida para trazer os abutres de volta. De acordo com a religião de vocês, os abutres sagrados não comerão um demônio. Depois que eu morrer, peço que cortem meu corpo com suas facas e vejam com seus próprios olhos se na morte nós, chineses, não somos como vocês, tibetanos. Se os espíritos enviarem os abutres como um sinal, por favor, acreditem que nós, chineses, também os consideramos nossos amigos, que o ódio e a carnificina são obras dos demônios, que aos olhos dos espíritos todos nós somos irmãos!'"

Qiangba olhou para o céu.

"Então, seu marido pegou a pistola do chão e, virado para seu lar no leste, deu um tiro na cabeça."

O ermitão fez uma pausa. Wen também fitou o céu. Depois de alguns momentos de respeitoso silêncio, ele continuou sua história.

"Devastado pela dor, tive grande dificuldade em voltar ao acampamento para contar ao comandante o que tinha acontecido. Ele correu para o lugar que eu descrevera, e outros soldados o seguiram. Mas foi impossível livrar dos abutres o corpo do seu marido. Os homens o haviam desmembrado com suas facas, e a terra estava coberta de aves famintas.

"Talvez elas pudessem provar, no corpo do *menba* chinês, a sinceridade do seu desejo de paz", disse Qiangba. "Talvez houvesse algo mágico na aparição de tantas aves. Qualquer que fosse o motivo, os abutres permaneceram ali durante um longo tempo, sobrevoando em círculos o topo da montanha.

"Os soldados viram os tibetanos observando-os respeitosamente à distância. Pela atitude do seu marido, tinham compreendido que os chineses também podiam ser carregados para o céu pelas aves sagradas. Sua morte lhes ensinou que a carne e os sentimentos dos chineses eram idênticos aos deles. Quando os soldados voltaram para o acampamento, echarpes *kata* se alinhavam ao longo do caminho, executando uma dança memorável sob o céu azul e as nuvens brancas.

"O comandante seguiu em frente com suas tropas. Eu fiz minha jornada de volta para o mosteiro. Antes de nos separarmos, o comandante me pediu que guardasse o pacote de Kejun e tentasse encontrar um viajante honesto que o levasse até uma mulher chamada Shu Wen, em Suzhou. Sua preocupação era que ele e seus homens não chegassem vivos à China. Prometi que faria o que me pediu. Quando voltei ao mosteiro, roguei ao prior que me deixasse perambular pelo campo, cantando sobre o *menba* chinês que salvara minha vida e dera fim ao ódio entre tibetanos e chineses sacrificando a si próprio. Desde aquela época, não houve mais derramamento de sangue nesta área. Por mais que eu tentasse, jamais encontrei um viajante em quem pudesse confiar para entregar o pacote a você. E, agora, você é que veio até mim."

Depois de ouvir a história do ermitão, Wen se prostrou diante da multidão de espectadores com suas echarpes *kata* agitando-se ao vento e rezou: "Om mani padme hum".

9. A jornada de volta para casa

Tinha chegado a hora de Wen deixar os Cem Lagos, a Anyemaqen coberta de neve e as outras montanhas de Qinghai. As pastagens, águas e montanhas sagradas da região onde vivera durante anos encheram-lhe a alma. Lá, ela experimentara todas as alegrias e sofrimentos da vida humana. Lá, seu amor por Kejun se intensificara. Lá, encontrara seu lar espiritual. Embora estivesse partindo, seu espírito permaneceria no lugar que acolhera o marido morto. Enquanto se preparava para a jornada, em seu coração reinavam águas tranqüilas: com suavidade, a influência dos espíritos afastara todas as ondas de saudade e de tristeza. Wen sabia que, nos meses e anos que se seguiriam, em todos os momentos e em todos os lugares, ela seria como uma pipa, ligada por um fio invisível à montanha Anyemaqen.

Ela dividiu em duas partes o livro de ensaios, com suas páginas preenchidas por todas as palavras da sua saudade. Metade levaria consigo de volta para a China; a outra deixaria com Qiangba, o Velho Ermitão. Assim, uma parte de Kejun e uma parte dela continuariam no Tibet.

Ficou decidido então que Wen, Zhuoma e Tiananmen partiriam para Lhasa, a mais antiga e sagrada cidade do Tibet. Procurariam representantes do exército chinês para se informar do que sabiam acerca do destino de Kejun. Também se informariam sobre transporte para a China. Zhuoma estava determinada a fazer uma última viagem à terra natal de Wen, e Tiananmen, antes de voltar para o mosteiro, queria conhecer o lugar que inspirara Zhuoma. Uma das famílias acampadas perto do lago prometeu que iria atrás da família de Gela para levar-lhes uma mensagem.

A jornada para o sul foi árdua e solitária. No entanto, depois de cruzar as montanhas Tanggula, eles encontraram muitos viajantes no caminho, que os levou a uma região mais povoada. Surpresos, avistaram rostos chineses nos mercados e nas feiras. Havia restaurantes e lojas com cartazes escritos em chinês. Tiananmen ficou particularmente admirado. Era como se eles tivessem penetrado noutro mundo — ou noutro século. Um dia, na praça de um vilarejo, depararam-se com rapazes e moças, vestidos numa combinação multicolorida de roupas chinesas e tibetanas, exibindo-se de um lado para o outro ao som de uma música. Um dos espectadores disse a Wen que se tratava de um "desfile de modas".

Wen jamais esperou encontrar tantos chineses estabelecidos no Tibet, com suas famílias e seus negócios. Jamais imaginou que todo o horror e a carnificina que testemunhara pudessem ter resultado no que via. Tantas coisas haviam acontecido enquanto estivera isolada do mundo. O que aqueles chineses achavam daquela região misteriosa e da sua cultura? Parte dela ansiava conversar com eles. Outra parte se recolhia, lembrando como fora difícil falar com chineses no festival Dharmaraja.

O que eles viram durante sua jornada não foi nada comparado com as ruas apinhadas de Lhasa, com o palácio Potala, imenso e branco, agigantando-se sobre a capital do Tibet. Ao entrar na cidade, os três amigos se sentiram atordoados pelo grande movimento, pelos barulhos e cheiros desconhecidos. Uma intensa nostalgia da terra natal apoderou-se de Wen. Mas, apesar dos templos e das roupas tibetanas que as pessoas usavam, ela quase se sentiu na China, sobretudo quando foram às ruas de Barkhor, onde comerciantes tibetanos e chineses se acotovelavam para vender suas mercadorias. Tiananmen estava absolutamente perplexo. Para ele, o uso de todos aqueles objetos exóticos era um mistério total. Quanto a Zhuoma, o cenário parecia desanimá-la e entusiasmá-la ao mesmo tempo.

"Nem parece o Tibet", disse.

Tiananmen apontou para uma barraca onde um grupo de lamas anunciava aos gritos os artigos religiosos que tinha para vender — rosários, flâmulas de oração, jóias incrustadas com caveiras de iaques e objetos para oferendas.

"Que escrituras eles estão recitando?", perguntou. Embora soubessem que os lamas não estavam rezando, Wen e Zhuoma ficaram tão surpresas quanto ele de ver lamas envolvidos no comércio.

No mercado, Zhuoma trocou um colar de contas preciosas por uma caneta para Wen, uma túnica nova para Tiananmen e uma echarpe e algum dinheiro para ela mesma. Ao longo dos anos, a quantidade de jóias ancestrais que Zhuoma possuía diminuiu consideravelmente, mas ela ainda tinha o bastante para que os três pudessem viajar para a China.

Começou a anoitecer, e eles se deram conta de que precisavam de um lugar para ficar. Numa ruazinha, encontraram uma pequena hospedaria, propriedade de um professor chinês aposentado que lhes mostrou onde podiam guardar os cavalos. Disse-lhes que fora enviado ao Tibet vinte anos antes. No princípio, achara muito difícil se adaptar, mas pelo menos ali havia menos luta de classes e estudava-se menos política. Wen fingiu entender do que ele falava, mas sua mente cansada não fazia a menor idéia do que o professor chinês quisera dizer com "luta de classes" e "estudar política".

Durante a noite, Wen e Zhuoma ouviram uma batida urgente na porta. Wen instintivamente pegou a metade do livro de ensaios, a fotografia e o diário de Kejun, que colocara debaixo do travesseiro antes de dormir. Quando ela abriu a porta, as duas deram com Tiananmen num estado de grande agitação.

"Venham e vejam", disse ele. "Nós estamos no céu."

Wen e Zhuoma seguiram-no até seu quarto, no sótão. Ele ficou ao lado da janela. Lá fora, Lhasa era uma fogueira de luzes elétricas.

Wen e Zhuoma entreolharam-se. Ambas haviam passado noites em Pequim e em Nanquim. Era difícil imaginar como seria, para alguém que jamais vira eletricidade, conhecer uma cidade moderna.

De manhã, o proprietário da hospedaria disse a Wen que ela podia usar seu banheiro. Debaixo do chuveiro primitivo — um fino tubo de plástico que se projetava de uma tina com água sobre a cabeça dela —, Wen se lembrou do banho exuberante na base do exército em Zhengzhou, tantos anos antes, no início da sua jornada para o Tibet. O que teria acontecido se então ela soubesse que só agora entraria novamente num banheiro? Ficou atônita ao perceber como era inocente e corajosa quando jovem.

Zhuoma disse que não entendia aquelas engenhocas chinesas e se esfregou pegando água numa tigela. Tiananmen declarou que só se lavaria num rio, e as mulheres não puderam fazer nada para convencê-lo do contrário.

Mais tarde, eles foram participar de uma cerimônia no palácio Potala. Wen ficou ao pé da escadaria íngreme que levava à imponente construção. Era o edifício mais extraordinário que já vira — amplo, belo e inimaginavelmente alto. Multidões subiam a escadaria, parando a cada três degraus para prostrar-se. Talvez Kejun sempre tivesse tido a intenção de levá-la àquele lugar. Talvez estivesse predeterminado que ela viajasse do delta do Yang-tsé ao Tibet para fazer aquela escalada e ser recebida na religião dos espíritos. Ela começou a subir, curvando-se como as pessoas ao seu redor e entoando calmamente "Om mani padme hum".

Uma vez no palácio, os três amigos percorreram os corredores escuros, passando por uma magnífica sala de reuniões, depois por pátios e capelas. Havia salas repletas de livros e códices preciosos, paredes com tapeçarias ricamente bordadas, estátuas de Buda guarnecidas de lindas vestes de brocado e echarpes coloridas, e muitos altares. Em toda parte ardiam lâmpadas de manteiga de iaque com sua luz amarela.

No chamado "Palácio Branco", eles se maravilharam com o luxo dos aposentos do dalai-lama. A arquitetura e os móveis eram refinados. Bules de ouro delicadamente ornamentados e tigelas de jade repousavam sobre mesas de chá. Acolchoados de brocado ofuscavam a vista com seus bordados magníficos. No "Palácio Vermelho", viram as torres dos espíritos, incrustadas com ouro e pedras preciosas, que continham os restos mortais de antigos dalai-lamas. Havia milhares de cômodos. Wen não imaginara que o Tibet possuísse tanta riqueza. Sua cabeça girava. Ela fez uma pausa para tomar fôlego. Na parede a seu lado, uma pintura retratava um casamento. Ela percebeu que se tratava do casamento de Songtsen Gampo com a princesa Wencheng, para quem o palácio fora originalmente construído no século VII. Pensou nas últimas palavras de Kejun: "Tudo o que queríamos era trazer-lhes os conhecimentos chineses, para melhorar a vida de vocês, como fez a princesa Wencheng há cerca de mil anos". Enquanto os peregrinos à sua volta recitavam as escrituras, ela sentou e rezou até Zhuoma levá-la embora.

Todas as pessoas com quem conversaram em Lhasa disseram que eles precisariam da permissão do departamento pessoal da sua "unidade de trabalho" para ir à China. Poderiam viajar de avião para Pequim, mas não sem uma autorização por escrito. Zhuoma e Tiananmen ficaram atônitos. Que era uma "unidade de trabalho"? Tinham algo equivalente? Quando Tiananmen sugeriu que sua "unidade de trabalho" devia ser o mosteiro, Wen não sabia se ria ou se chorava. Disse a eles que apelaria ao quartel-general para conseguir os documentos necessários à viagem.

Não foi difícil achar o quartel. Todos os habitantes do lugar sabiam onde era, e logo eles se viram diante de um estabelecimento militar em cujo grande portão estavam inscritas as palavras "Departamento Militar da Região do Tibet". Discutiam o que fazer quando um guarda armado se dirigiu a eles e perguntou atenciosamente o que desejavam.

"Vim até aqui para tentar encontrar meu marido desaparecido", disse Wen.

O guarda deu vários telefonemas para o interior do estabelecimento, e não demorou para surgir um homem com aparência de oficial. Depois de perguntar o nome deles e que tipo de relação mantinham, levou-os até uma sala de recepção confortavelmente mobiliada com sofás e mesas de chá.

Tiananmen permaneceu bem próximo de Zhuoma e imitou tudo o que ela fazia. Sentou-se com cuidado, e estava visivelmente espantado com a maciez do sofá. Para Wen, era como se tivesse acabado de entrar numa casa chinesa. Ainda lembrava como era confortável o velho e gasto sofá da casa dos pais. E, quando bebericou o chá verde que o oficial lhes trouxe, lágrimas brotaram em seus olhos.

Wen contou ao oficial, o mais resumidamente possível, tudo sobre ela e sobre suas experiências: falou de Wang Liang na base militar de Zhengzhou, do comboio de veículos que a trouxera para o Tibet, do que lhe acontecera nos anos que se seguiram e do martírio do marido. Disse que gostaria de saber que registros o exército possuía da morte de Kejun e se tinham conhecimento do seu heroísmo. Disse também que gostaria de voltar para a China.

O oficial olhou pasmo para ela. Parecia profundamente comovido com o que Wen contara. Gostaria muito de ajudá-la, disse, mas fazia apenas oito anos que havia chegado ao Tibet e não tinha idéia sobre como dar início às investigações solicitadas.

Ainda assim, poderia conseguir a autorização para eles viajarem para a China?, perguntou Wen. O oficial explicou que, antes, precisava confirmar sua história, mas sem dúvida alguma entraria em contato com o quartel-general em Pequim e veria o que podia descobrir. Porém, preveniu-a de que não alimentasse muitas esperanças: durante a Revolução Cultural, muitos arquivos tinham se perdido ou sido queimados.

"Que quer dizer com 'Revolução Cultural'?", perguntou Wen, aturdida.

O oficial fitou-a.

"Se puderem ficar um pouco mais", disse, "poderei explicar a vocês o que aconteceu na China nos últimos trinta anos."

Wen e Zhuoma ouviram perplexas o oficial falar da fome coletiva nos anos 60, da Revolução Cultural nos anos 70, da Reforma e Abertura de Deng Xiao Ping nos anos 80 e das reformas econômicas em curso. Tiananmen permaneceu num canto, sentado com as pernas cruzadas, rezando com seu rosário de contas e recitando as escrituras.

Wen esperou vários dias até ser convocada por carta para retornar ao quartel-general. Dessa vez, só ela pôde entrar no estabelecimento; Tiananmen e Zhuoma não foram mencionados na carta. Foi recebida por aquele mesmo oficial, acompanhado por um homem mais velho, o qual pediu desculpas de que os amigos de Wen tivessem que esperar do lado de fora e prometeu que alguém cuidaria deles. Apresentou-se como um dos generais encarregados das tropas estacionadas em Lhasa e disse a Wen que tinham checado todos os nomes e o número da unidade que ela lhes fornecera. Infelizmente, como havia muitas pessoas com o nome de Wang Liang, não puderam encontrar o oficial de quem falara, sobretudo porque muitos registros tinham se perdido e as informações a respeito daquele período eram precárias. Apesar disso, foi possível verificar que de fato houvera uma unidade, baseada em Chengdu, com o número fornecido por ela. No entanto, os registros informavam que todos os seus membros tinham sido mortos.

Quando Wen ouviu essas palavras, a dor da decepção transpassou seu coração.

Vendo a tristeza em seu rosto, o general tentou confortá-la. Garantiu que continuariam a investigar para obter novas informações e que fariam uma busca o mais abrangente possível.

"Eu não acredito que você vá desanimar agora", disse. "Uma pessoa comum jamais passaria metade da vida procurando pelo marido — somente um amor verdadeiro pode produzir uma determinação como essa."

Suas palavras provocaram lágrimas em Wen. Ele sugeriu que ela e seus amigos se alojassem na hospedaria do quartel-general, onde ficariam mais bem acomodados.

De repente, Wen foi dominada por uma exaustão física que jamais experimentara. Fez um enorme esforço para manter-se em pé.

"Você está bem?", perguntou o general, preocupado.
"Estou bem, obrigada", respondeu ela. "Apenas muito cansada..."
"Por favor, acredite em mim", disse o general. "Entendo seu cansaço."

A hospedaria militar era equipada com muitos dos estranhos recursos modernos. Havia televisores, chaleiras elétricas, vasos sanitários com descarga, e água quente nas torneiras. O ambiente deixou Tiananmen bastante perturbado. Wen percebeu que, se os chineses e os tibetanos não os tivessem acolhido com tanta simpatia, ele não teria desejado permanecer ali.

Nos dias que se seguiram, Wen ficou à espera de notícias. Em todos os anos que passara com a família de Gela e perambulara com Zhuoma e Tiananmen, aprendera a abrir mão dos seus desejos — para deixar vir o que viesse.

Enquanto ela esperava, Tiananmen conversava com os soldados tibetanos instalados no quartel-general. Eles o consideravam uma autoridade na arte de lidar com cavalos e vinham lhe pedir conselhos sobre como tratar seus animais. Um inclusive convidou Tiananmen para visitar os pais dele, que residiam em Lhasa. Naquela noite, quando Tiananmen voltou para a estranha hospedaria que tanto o perturbava com seus televisores e chaleiras, contou a Wen como vivia o casal que conhecera. De manhã, punham manteiga de iaque e água fresca no altar da família, no pátio. Em seguida, subiam no telhado plano da casa, onde queimavam madeira perfumada de zimbro, oferecendo a fumaça aos espíritos das montanhas, das águas e do lar, e pedindo proteção. Depois disso, juntavam-se aos vizinhos para caminhar os "circuitos das escrituras". Moradores de Lhasa e peregrinos de todo o Tibet percorriam essas rotas sagradas, rezando com seus rosários de contas. No circuito externo, de manhãzinha, os devotos andavam ao redor da cidade inteira; no circuito interno, caminhavam em volta do Salão de Buda, no templo Jokhang, outro dos edifícios imponentes e sagrados de Lhasa. Tiananmen foi informado de que se podia acumular muito mais mérito caminhando um circuito das escrituras do que lendo as escrituras noutro lugar qualquer.

Durante sua permanência na hospedaria, Wen teve outras oportunidades de conversar com o general sobre o que lhe acontecera. Insistia que se conseguisse autorização para Zhuoma e Tiananmen irem à China. Explicou a ele que a tibetana era a chefe de uma família importante, mostrando-lhe como prova algumas das suas jóias. O general prometeu que faria o que pudesse para descobrir um documento que comprovasse sua identidade. Uma tarde, ele apareceu num estado de grande agitação, dizendo às duas mulheres que encontrara registros do clã de Zhuoma.

"Lamento que as notícias não sejam boas", disse, hesitante. "Fui informado de que sua propriedade foi destruída pelo fogo há muitos anos."

Zhuoma não lhe contou que tinha testemunhado o incêndio da sua casa. Wen olhou para ela, mas não disse nada. Sabia que havia muito o antigo lar deixara de ter algum significado para Zhuoma.

Dois dias depois, o general voltou para conversar com elas. Dessa vez, bastante sorridente.

"Alguém em Pequim se lembra de ter lido um relatório que descreve a morte de Kejun exatamente como você me contou", disse, "e outro se lembra de que ali se mencionava uma esposa que vivia em Suzhou. Penso que isso é prova suficiente da sua identidade, e lhe concederemos permissão para ir a Pequim. Quando chegar à cidade, poderá requerer uma autorização para se estabelecer novamente na China e uma pensão do exército. Quanto a você, Zhuoma, certificamo-nos de que havia uma herdeira daquele clã, e a singularidade das suas jóias confirma que essa herdeira é você."

Wen e Zhuoma encheram-se de alegria, porque pela primeira vez em décadas lhes disseram quem realmente eram. Mas ainda havia algo que perturbava Shu Wen.

"Se há registros da morte de Kejun", perguntou, "por que neles não se conta como ele morreu? E por que não lhe concedem o status de mártir revolucionário?"

O general olhou para ela, sério. "Isso eu não posso responder", disse.

Uma semana depois, Wen, Zhuoma e Tiananmen, com todos os documentos de que precisavam, viram-se num avião que aterrissaria em Pequim. Zhuoma recebera uma carta de apresentação oficial que lhe permitiria trabalhar como professora no Instituto de Minorias de Pequim, caso quisesse. Tiananmen dispunha de um documento declarando que estava numa visita oficial à China e em seguida regressaria ao seu mosteiro.

Wen não disse nem sequer uma palavra durante o vôo. Cenas da vida que vivera no Tibet passaram, uma após outra, diante dos seus olhos. Os rostos dos familiares de Gela encheram-lhe a mente. Ela pegou a fotografia amassada e os diários danificados do marido, e sobre eles derramou seu pranto silencioso. Kejun jamais veria a mulher outra vez; em seu rosto, agora, gravara-se profundamente o espírito do Tibet. Ele permaneceria para sempre no planalto, sob o céu azul e as nuvens brancas.

A apreensão dominava o coração de Wen. Seus pais estariam vivos? Onde estaria sua irmã? A família a reconheceria?

Ela desdobrou o grou de papel, aprisionado por tantos anos dentro do seu livro, e desamassou delicadamente a carta da irmã. O tempo havia apagado todos os ideogramas. Seu meio livro de ensaios parecia pesado, como se carregasse a água e o solo do planalto.

Wen foi despertada dos seus devaneios pela voz de uma criança que perguntava à mãe, em chinês: "Mamãe, por que aquela senhora tibetana cheira tão mal?".

"Psiu, não seja malcriada", disse a mãe. "Chineses e tibetanos têm estilos de vida muito diferentes. Você não pode dizer coisas assim indelicadas."

Wen olhou para as roupas esfarrapadas e desbotadas. Se não era mais chinesa, quem era? Mas talvez essa questão não importasse. O que importava era que sua alma tinha renascido. Wang Liang estava certo: simplesmente continuar vivendo era uma vitória.

Não se podia comparar a cabine de primeira classe do trem de Pequim para Suzhou com o vagão abafado do trem em que Wen viajara como sardinha em lata para Chengdu tantos anos antes. Era como a diferença entre o céu e o inferno, impossível de explicar com poucas palavras. Ao contrário do que ocorria no planalto tibetano, as cenas que voavam pela sua janela eram cheias de vida. Wen sentou-se e viu as casas de tijolos vermelhos e telhados cinza de Pequim desaparecerem para dar lugar às familiares casas brancas do delta do Yang-tsé.

Zhuoma e Tiananmen não acompanharam Wen em seu regresso a Suzhou. Ela lhes pediu que a esperassem em Pequim. Queria ir sozinha ver a família.

Ao longo da jornada, as lágrimas de Wen não cessaram de cair sobre sua túnica. Toda vez que os guardas do trem ou outros passageiros perguntavam o que estava acontecendo, ela apenas balançava a cabeça. Um dos guardas ficou tão preocupado que fez um pedido pelo alto-falante do trem: se alguém soubesse falar tibetano ou conhecesse a linguagem dos sinais, que se apresentasse para ajudar.

Quando o trem parou, Wen não reconheceu a estação de Suzhou. Presumindo que se tratasse de uma estação nova, come-

153

çou a perguntar onde era a antiga. Fora demolida, disseram-lhe. Chamou um táxi, mas o motorista nunca ouvira falar do lugar aonde queria ir. Depois de muita discussão, acabou entendendo que ela se referia a uma rua nos subúrbios que tinham sido demolidos havia dez anos. Olhou para ela como se olhasse para uma espécie de monstro, e Wen teve que lhe implorar que a levasse até lá. Ao chegarem, ficou chocada com o cenário que a recebeu.

A casa da irmã na beira do rio, com quintal, "portões em forma de lua" e um lindo jardinzinho, desaparecera, tendo sido substituída por fileiras e fileiras de altos edifícios. Atordoada, ela ficou parada ali, sem saber o que fazer ou a quem pedir ajuda. Aproximou-se de alguns trabalhadores que consertavam uma rua, mas não conseguiu entender nem uma palavra do que disseram. Por fim, percebeu que eram da província de Anhui, ao sul, e que nem imaginavam o que havia acontecido em Suzhou nas três últimas décadas. Wen se sentiu completamente perdida.

Ao anoitecer, ela se recompôs e descobriu um hotel não muito longe de onde antes era a casa da sua irmã. Havia um cartaz com duas pequenas estrelas pendurado acima do balcão da recepção, mas Wen não tinha a menor idéia do que significasse. Na recepção, pediram seu cartão de identidade, que ela também não tinha idéia do que fosse. Em vez disso, mostrou a carta de apresentação que o Departamento Militar do Tibet lhe fornecera. Não querendo assumir a responsabilidade por permitir que Wen se hospedasse ali, o recepcionista do hotel lhe pediu que aguardasse um instante e desapareceu. Quando afinal retornou, disse a ela que podia ficar com um quarto mas deveria se registrar na delegacia de polícia da vizinhança.

Naquela noite, Wen sonhou que havia regressado com Kejun ao Tibet, para procurar pelos pais e pela irmã nas montanhas sagradas. O barulho do tráfego acordou-a antes que o dia raiasse. Da janela, ficou observando a rua, até cair num estado de torpor. Seus olhos estavam acostumados às infinitas pastagens onduladas. Tudo ali parecia tão cheio de gente... ela não podia compreender. A cidade natal que ansiara rever sumira sem deixar vestígio.

Então ela ouviu um barulho de matracas de bambu debaixo da janela. As lembranças despertadas pelo som fizeram seu coração disparar: em Nanquim, quando era menina, os vendedores ambulantes de arroz agitavam matracas como aquelas, e, quando passavam pela sua casa, a mãe sempre comprava para ela uma tigelinha de arroz doce fermentado. Wen saiu correndo do quarto, na direção do som. Lá fora, viu uma cena familiar: um vendedor de arroz carregando duas latas penduradas nas extremidades de uma vara comprida sobre seus ombros. Numa das latas, em cima de um fogãozinho a carvão, fervia a água quente usada para cozinhar o arroz; a outra exalava o aroma inebriante do arroz fermentado. Nada mudara: até o colete do vendedor era como ela lembrava.

Wen correu na direção do ambulante. Ele parou de agitar suas matracas.

"Comer aqui ou levar?", perguntou.

"Aqui", respondeu Wen.

Observou-o derramar habilmente uma concha de água fervendo numa tigela em que depois, usando uma espátula de bambu, colocou duas porções de arroz fermentado.

"Quer ovo?", perguntou ele. "Uma pitada de jasmim-do-imperador? Quanto quer de açúcar?"

"Quero tudo, por favor, e uma colher de açúcar", respondeu Wen. Quando recebeu a tigela das mãos do vendedor, começou a chorar.

"Problemas de família?", perguntou ele. "Não fique triste. Apenas viva um dia de cada vez, e os dias passarão rapidamente."

Enquanto tomava a sopa de arroz doce, agora misturada com suas lágrimas, Wen lutava para se controlar.

"Há quanto tempo vive aqui?", perguntou com voz trêmula.

"Faz dez anos que vim para cá", disse o ambulante. "Eu não servia mais para nada, só me restavam as matracas de bambu. Mas não é um trabalho ruim, e todo dia acontece alguma coisa nova. Até mesmo as ruas por onde passo mudam a cada ano."

Wen perguntou se ele conhecia a irmã e os pais dela, e descreveu a casa onde moravam. O vendedor pensou por alguns instantes.

"Acho que não, sinto muito", disse. "Nos dez anos que estou aqui, demoliram e reconstruíram três vezes esta área. A primeira foi durante as 'Três Construções', ou algo parecido. Na época eles construíram uma rua e uma ponte, só para destruí-las depois. Em seguida, venderam um bom pedaço de terra para Cingapura. Muita gente veio para cá e logo foi embora. Hoje em dia se ouvem cada vez menos os sotaques locais." E voltou a agitar suas matracas.

Wen continuou no meio da rua, paralisada pela estranheza que sua cidade natal lhe causava. Estava tão absorta em pensamentos que já não ouvia o som das matracas de bambu nem o barulho dos carros e das bicicletas passando apressados a apenas centímetros dela. Tudo o que tinha agora eram suas lembranças. Teria coragem de se aventurar numa segunda busca naquela altura da vida? Se não, para onde deveria ir?

Pôs a mão no bolso onde guardava a fotografia de Kejun. Ao passar os dedos sobre a imagem que compartilhara as alegrias, as tristezas e as mudanças avassaladoras da sua vida durante tantos anos, murmurou as palavras "Om mani padme hum".

No céu, uma família de gansos voava para casa.

Ali não havia abutres sagrados nem enterros celestiais.

Wen parou de falar, mas eu não consegui parar de refletir. Sobre sua transformação de mulher chinesa de vinte e seis anos numa idosa budista tibetana. Sobre a relação entre natureza e religião. Sobre o espaço e o silêncio. Sobre quanto ela perdera e quanto ganhara. Sobre sua vontade, sua força e seu amor.

Carta para Shu Wen

Respeitabilíssima Shu Wen,
Onde está você?
Durante dez anos este livro esteve amadurecendo como vinho em minha mente. Agora, por fim, posso apresentá-lo a você.
Espero que algum dia você possa ouvir os suspiros de admiração que a beleza da sua história produz.
Espero que algum dia possa responder às minhas inúmeras perguntas. Gostaria ao menos de saber o que aconteceu com Zhuoma e Tiananmen, com Saierbao e sua família.
Procurei por você durante muitos anos, com a esperança de que nos sentássemos novamente no delta do Yang-tsé perfumado pelo chá e você me contasse a história da sua vida depois de *Enterro celestial*.
Querida Shu Wen, se você ler este livro e esta carta, suplico-lhe que entre em contato comigo, por intermédio do meu editor, o mais rápido possível.

Xinran
Londres, 2004

Agradecimentos

Enterro celestial é o resultado dos anos que passei aprendendo a entender e *sentir* o amor de Shu Wen, a vida espiritual dos tibetanos e as diferentes maneiras como as pessoas encaram a cultura, o tempo, a vida e a morte.

Devo tanto às seguintes pessoas que nem sei como lhes agradecer:

A *Esther Tyldesley* e *Julia Lovell* (que carrega um "jogador de futebol" em seu corpo), cuja tradução permitiu que *Enterro celestial* fosse lido em inglês.

Ao meu editor da Chatto & Windus, por ajudar este livro a encontrar leitores.

Ao senhor *Hao-chong Liu*, que passou meses me ajudando com a pesquisa e checagem na China.

A *Toby Eady*, meu marido "mandão", com sua mente profissional e seu coração de amante.

Aos livreiros da *Random House*, e a *vocês*.

Não sei como agradecer a *vocês*, pelo tempo que dedicaram à leitura das minhas obras e por seu interesse e amor pela China e pelas mulheres chinesas. A respeito d'*As boas mulheres da China: vozes ocultas*, do mundo inteiro recebi mensagens tão sinceras e repletas de recordações pessoais, que agora tenho um livro chamado "As boas mulheres do mundo".

Ninguém gosta de chorar, mas as lágrimas irrigam nossa alma. Assim, talvez eu devesse agradecer-lhes de outro modo: oferecendo a vocês, com meus livros, a oportunidade de chorar pelas mulheres da China...

1ª EDIÇÃO [2004] 2 reimpressões

ESTA OBRA FOI COMPOSTA PELA SPRESS EM MINION E IMPRESSA
PELA GRÁFICA BARTIRA EM OFSETE SOBRE PAPEL PÓLEN SOFT DA
SUZANO S.A. PARA A EDITORA SCHWARCZ EM JULHO DE 2021

A marca FSC® é a garantia de que a madeira utilizada na fabricação do papel deste livro provém de florestas que foram gerenciadas de maneira ambientalmente correta, socialmente justa e economicamente viável, além de outras fontes de origem controlada.